Hubertus Scheurer
Mir reicht's!
Deutschland ade

D1677488

Hubertus Scheurer

Mir reicht's!
Deutschland ade

Bibliografische Information Der Deutschen Bibliothek
Die Deutsche Bibliothek verzeichnet diese Publikation
in der Deutschen Nationalbibliografie;
detaillierte bibliografische Daten sind im Internet über
http://dnb.ddb.de abrufbar.

Bibliographic information published by
Die Deutsche Bibliothek
Die Deutsche Bibliothek lists this publication in the
Deutsche Nationalbibliografie;
detailed bibliographic data
are available in the Internet at http://dnb.ddb.de.

Hubertus Scheurer – Mir reicht's!
Deutschland ade
© Copyright 2006. Alle Rechte beim Autor.
Printed in Germany 2006
Herstellung und Verlag: Books on Demand GmbH, Norderstedt
ISBN 978-3-8334-7986-1
2. Auflage

Informationen über:
www.Hubertus-Scheurer.de

INHALTSVERZEICHNIS

Vorwort

Der Krug geht solange zu Wasser bis er bricht oder irgendwann ist das Faß am Überlaufen.

Diese allgemein bekannten Redensarten geben anschaulich meine Situation wieder, als ich mich entschloß, dieses Buch zu verfassen. Vorher habe ich während einer Dauer von vierzig Jahren eines intensiven Berufslebens über viele bürokratische Hindernisse hinweg und oft auch durch den Dschungel behördlicher Unredlichkeiten meinen Krug zu Wasser getragen und dann aus der Quelle meines Fleißes auch für den Staat mitgeschöpft bis der Krug zerbrach bzw. das Faß übergelaufen ist.

Dies begann in der so Freien und Hansestadt Hamburg, wo ich nach der Arbeit auf dem Nachhauseweg in einem Fünf-Sterne-Hotel Zwischenstation machte, um einer sportlichen Betätigung nachzugehen; und das über einen Zeitraum von etwa 10 Jahren.

So lange war ich dort ein gern gesehener Gast, bis ich es mir erlaubte, auf Mißstände hinzuweisen, die es vorher nicht gab.

Sie waren erst eingetreten als der bisherige Direktor, der oft zur gleichen Zeit wie ich im Sportraum trainierte und den ich ab und zu auch außerhalb des Hotelbetriebes nach einer Verabredung traf zur eigenen Überraschung und der aller Hotelgäste, die ich kannte, entlassen wurde. Daraufhin ging es unter der Leitung des neuen Direktors im Wellnessbereich des Hotels bergab, so daß sich viele Gäste gestört fühlten.

Aufgrund der von mir vorgetragenen Kritik an den veränderten Zuständen durfte ich den Wellnessbereich des Hotels nicht mehr betreten, und auf meinen Protest hin wurde ich von der Hotelleitung in übelster Weise verleumdet.

Hierüber habe ich in meinen Büchern »Erlebnisse im Hotel mit König Alfred und seinem Hanswurst« unter Berücksichtigung der Zensur durch das Landgericht Hamburg, Band I-VIII ausführlich berichtet.

Ebenso über die anschließenden gerichtlichen Verfahren, in denen Richter und Staatsanwälte einseitig Stellung für den mächtigen Hotelbesitzer und Unternehmer bezogen.

Die Richter vertraten die Ansicht, daß ich die Hotelführung durch die Schmähkritik in meinen Gedichten in unzulässiger Weise verletzt hätte.

Dagegen würden sich die von der Gegenseite ausgeführten Auseinandersetzungen weder von der Intensität noch von der Qualität von dem abheben, was im Rahmen eines Hotelbetriebes üblich sein dürfte.

Damit hatten sie zugleich die in meinem Gedicht »Leben wir denn auf dem Mist?« gestellte Frage, beantwortet. Aber es kam noch schlimmer; aufgrund von Aussagen, die ich nach wie vor für richtig halte, wurde mir der Vertrieb meiner ersten drei Bücher, die ich daraufhin umgeschrieben habe, unter Androhung einer Ordnungsstrafe bis EUR 250.000,– oder ersatzweise einer Gefängnisstrafe bis zu zwei Jahren untersagt.

Auch die Staatsanwälte, die aufgrund meiner Anzeige wegen falscher eidesstattlicher Aussage des Wellnessleiters tätig werden mußten, haben sich mit ihren Entscheidungen selbst bloßgestellt und gezeigt in welch einer kläglichen Rechtskultur wir hier leben.

Vor diesem Hintergrund bin ich vier Jahre lang schreibend tätig gewesen.

Dabei habe ich die Gedichtform gewählt. Ich sah darin die Möglichkeit, jeden Gesichtspunkt kurz und leicht nachvollziehbar darzustellen und fand in dieser Darstellungsweise auch ein gewisses Schreibvergnügen.

Nachdem ich meine Gedichte in Hamburg an den verschiedensten Stellen selbst geklebt hatte, habe ich zwei Plakate drucken lassen und diese jeweils 550 mal an den Litfaßsäulen im gesamten Hamburger Raum veröffentlicht.

Eine Resonanz ist ausgeblieben, auch die Presse, die ihre Augen sonst doch überall hat, reagierte nicht.

Dabei sollten die Plakate, sie werden auf den nachfolgenden Seiten gezeigt, doch eigentlich jeden verantwortungsbewußten Bürger zumindest nachdenklich stimmen.

Zusammenfassend muß ich feststellen, daß ich mir eine derartig unwürdige Behandlung meiner Person in der heutigen Zeit, und das auch noch in meiner Geburtsstadt, nicht vorstellen konnte und daß ich mich dort nach dem Erlebten kaum noch wohlfühlen kann.

Ich habe versucht, die geschilderten Geschehnisse nunmehr in einer kleinen Auswahl aus 1.500 Gedichten darzustellen.

Als ich vor vier Jahren mit dem Schreiben begann, habe ich mein Augenmerk gleichzeitig auf andere gesellschaftspolitische Entwicklungen gerichtet und meine Meinung darüber ebenfalls in Gedichten verarbeitet.

Es gab in den vier Jahren aber auch Ereignisse, die mich unmittelbar betrafen und durch die mein Wohlbefinden hier in erheblicher Weise beeinträchtigt wurde.

So erlebte ich es, wie meine Lebensgefährtin eines Abends blutüberströmt nach Hause kam, nachdem sie kurz vorher hinterrücks niedergeschlagen und beraubt worden war. (Sh. »Der erschlagene Lump« Seite 59)

Die Kriminalpolizei teilte dann mit, daß sich derartige Vorfälle in unserer Gegend schon öfters ereignet hätten. Damit war die Angelegenheit erledigt.

Da gehört es zu den geringeren Übeln, daß Fensterscheiben in den von mir verwalteten Gebäuden zerkratzt, Fassaden verschmiert oder Fahrstühle in Brand gesetzt wurden. Alles alltägliche Vorfälle, die gerade noch widerwillig registriert werden, denn dagegen ist ohnehin nichts zu machen.

Das gleiche gilt für mein Kraftfahrzeug, das auf dem Parkplatz vor meinem Büro gestohlen wurde.

Die Polizei befand es nicht einmal für nötig zum Tatort zu kommen. (Sh. »Dank der Polizei« Seite 57)

Als ich allerdings meine schwerbehinderte Lebensgefährtin nach zwei Operationen ins Krankenhaus brachte, sie konnte keinen Schritt allein und ohne Schmerzen gehen und wurde zusammen mit mir von zwei Professoren zu einem Besprechungstermin erwartet, waren die Ordnungshüter zur Stelle.

Ich hatte meinen Wagen nämlich direkt vor dem Eingang des Krankenhauses abgestellt, auf einem der drei freien Plätze, die allerdings für Krankenwagen vorgesehen waren; alle anderen Parkplätze in der Nähe waren besetzt; größtenteils standen dort Fahrzeuge vom Krankenhauspersonal, an Behinderte hatte man anscheinend nicht gedacht.

Also blieb mir keine andere Wahl, denn ich konnte meine Lebensgefährtin schließlich nicht durch das Gelände tragen und die Herren Professoren auch nicht warten lassen.

Außerdem hatte ich ja auch einen Krankentransport durchgeführt und damit der Krankenkasse sogar die Transportkosten erspart.

Obwohl ich die Situation umfassend darstellte und alles nachprüfbar war, bekam ich einen Bußgeldbescheid wegen des falschen Parkens bzw. wegen meines Fehlverhaltens, wie es so schön hieß.

Mir wurde mitgeteilt, daß es schließlich nicht möglich wäre, für »alle Patienten in gewünschter Nähe zur individuell geplanten Behandlung einen reservierten Parkplatz bereitzustellen.«

Was für ein Blödsinn; es ging hier nicht um alle Patienten, sondern um einen Notfall. Ein typisches Beispiel behördlicher Ignoranz.

So kam es schließlich aufgrund meines Einspruches gegen den Bußgeldbescheid zur gerichtlichen Verhandlung.

Ich las dem Herrn Richter das Gedicht »Eine wundersame Welt« vor, und dann wurde verhandelt. Dazu habe ich die folgenden Gedichte geschrieben: »Im Strafgericht«; »Drei Mann hoch«; »Der Gesetzeshüter«; »Nur Schatten«; »Widerwort für'n Staatsanwalt« und »Spott und Hohn«.

Ein Kapitel für sich war auch das Finanzamt. Wenn dieses zusammen mit den Gerichten in Aktion tritt, kommt für den Bürger wohl kaum einmal etwas Gutes dabei heraus.

In meinem Fall ging es um eine Grundstücksbewertung, und zwar sollte der Wert des Grund- und Bodens eines bebauten Grundstückes ermittelt werden.

Mit solchen Bewertungsfragen befasse ich mich seit mehr als dreißig Jahren, und bisher waren die von mir ermittelten Werte auch immer anerkannt worden.

Eine solche Ermittlung ist für den Erwerber eines Mietwohngrundstückes von erheblicher Bedeutung, da ein zu hoch angesetzter Bodenwert zum Nachteil des Grundeigentümers zu einer geringeren Abschreibungsmöglichkeit führt, so daß das Finanzamt sich auf seine Kosten bereichert.

Insofern ist die Interessenlage klar; trotzdem sollte man sich m. E. doch um eine vernünftige Lösung bemühen, zumal es hierfür eine fundierte Literatur gibt, auf die ich in recht umfangreichen Darlegungen auch immer wieder hingewiesen habe.

Leider erfolglos, das Finanzamt vertrat zusammen mit dem Gutachter die Auffassung, daß bei einem bebauten Grundstück »der Grundsatz der Bewertung des Grund und Bodens wie ein unbebautes Grundstück weiterhin zum Tragen kommt.«

Dabei dürfte es doch jedem Laien einleuchten, daß ein Mietwohngrundstück, mag es noch so schön gelegen sein, wenn es keinen Ertrag bzw. einen niedrigeren erzielt, nichts bzw. entsprechend weniger wert ist.

Es soll dann aber genauso bewertet werden wie ein unbebautes Grundstück, das einer ertragreichen Verwendung zugeführt werden kann.

Die Argumente des Finanzamtes erinnerten mich an die Verfahrensweise im Mittelalter als verordnet wurde, daß die Erde sich nicht dreht und das Kopernikanische Weltsystem geächtet wurde.

Aber warum soll ein Richter nachdenken, wenn es eine Bewertungsvorschrift, mag sie noch so unsinnig sein, gibt, die ihm das Denken abnimmt.

So schloß er sich selbstverständlich der Ansicht des Finanzamtes an und verwies gleich darauf, daß Gründe, die die Revision seines Urteils zulassen würden, nicht beständen. (Sh. »Zwei und zwei sind drei«, Seite 73)

Die Beschwerde wegen des Nichtzulassens der Revision gegen das Urteil wurde dann selbstverständlich auch von den Richtern des Bundesfinanzhofes als unbegründet abgewiesen. Außerdem hieß es, daß die Rechtssache keine grundsätzliche Bedeutung hätte. (Sh. »Die grundsätzliche Bedeutung«, Seite 74)

Es ist also nicht von Bedeutung, wenn Bürger offensichtlich benachteiligt, um nicht zu sagen betrogen, werden.

Aber schließlich gibt es ja eine Wertermittlungsverordnung; und wenn darin stände, daß Richter ein Abführmittel nehmen müßten bevor sie eine Entscheidung treffen, dann würden sie wahrscheinlich auf dem Klosett hocken und dort auf die Erleuchtung warten.

Schließlich erlebte ich etwas, das dann den endgültigen Anstoß für meine Entscheidung gegeben hat, Deutschland ade zu sagen. Nämlich erneut Ärger mit dem Finanzamt; der fehlte mir gerade noch.

Dabei hatte ich jahrelang in konstruktiver und angenehmer Weise mit der mich betreuenden Sachbearbeiterin des Finanzamtes Hamburg-HANSA zusammengearbeitet.

Sie war bei jeder Frage behilflich und ein echter Lichtblick.

Jedes Jahr bin ich bei ihr mit meiner Steuererklärung vorstellig geworden; wir haben diese besprochen, miteinander abgestimmt, und dann hatte ich meine Ruhe.

Auf diese Weise glaubte ich, mir einen Steuerberater sparen zu können.

Dies ging solange gut, bis die Sachbearbeiterin einen neuen Vorgesetzten bekam, der zu unserer Überraschung feststellte, daß ich auf meine Testamentsvollstreckertätigkeit, da sie eine unternehmerische Tätigkeit sei, hätte Umsatzsteuer zahlen müssen. Diese wäre nun für sechs Jahre nachzuentrichten. Ich habe daraufhin, mit Zustimmung der Erben, mein Testamentsvollstreckerzeugnis sofort zurückgegeben und bin ein Beschäftigungsverhältnis eingegangen, um meine beratende Tätigkeit fortführen zu können.

Daraufhin schrieb ich an meine Sachbearbeiterin:

»Meine Testamentsvollstreckertätigkeit als unternehmerische Tätigkeit anzusehen, entbehrt jeder betriebswirtschaftlichen Logik.

Da Logik bei Behörden und Gerichten aber offenbar nicht gefragt ist, möchte ich sehr hoffen, daß Ihnen aufgrund des bei Ihnen vorhandenen Denk- und Einfühlungsvermögens keine Nachteile daraus erwachsen.

Die Behandlung der Dinge durch unsere Bürokraten treibt schon seltsame Blüten; dies betrifft auch meinen Fall mit der Umsatzsteuer, und statt auch auf die Belange eines guten Steuerzahlers einzugehen, verzichtet man lieber auf ihn, um diese Blütenpflege in alter Gewohnheit weiterzutreiben. Trotzdem möchte ich, bevor die Gerichte zum Zuge kommen, noch einmal darauf hinweisen, daß es sich bei der Übernahme der Testamentsvollstreckertätigkeit um einen Freundschaftsdienst handelte und daß eine Gewinnerzielungsabsicht, die das wesentliche Kriterium unternehmerischer Tätigkeit darstellt, nicht vorhanden war.

Ganz im Gegenteil: Ich mußte damals mein Maklergeschäft (Unternehmen) einstellen, um meine Tätigkeit als Testamentsvollstrecker wahrnehmen zu können.

Wir hätten schon damals eine andere Gestaltungsform gewählt, wenn wir uns nicht auf die Handhabung durch das Finanzamt verlassen hätten.«

Im übrigen, das war dem Finanzamt auch bekannt, betrug die an mich gezahlte Aufwandsentschädigung nur einen Bruchteil von der Gebühr, die bei einer normalen Testamentsvollstreckung angefallen wäre. (Man geht von 2 - 4 % der Vermögenssumme aus; ich bekam etwa 0,2 %).

Schon der mit der Aufgabe meiner Maklertätigkeit verbundene Verzicht auf die Vermittlung der aus dem Nachlaß veräußerten Grundstücke bedeutete einen Einnahmennachteil für mich, der durch die gesamten bisher erhaltenen Aufwandsentschädigungen nicht annähernd ausgeglichen wurde.

Das interessierte den neuen Mann im Finanzamt aber überhaupt nicht. Er veranlaßte, daß mir für sechs zurückliegende Jahre Steuerbescheide zugestellt wurden, in denen mir gleichzeitig 6 % Zinsen auf alle Beträge ab der festgestellten Fälligkeit berechnet wurden. (Sh. »Herr Schädlich«, »Das Schädliche«, S. 75, S. 77)

Ich bekam zu diesem Zeitpunkt für meine eigenen Geldanlagen 1,75 % Zinsen; davon kassiert das Finanzamt fast die Hälfte.

Somit sollte ich etwa das 6-fache von dem an Zins zahlen, was ich für meine Geldanlage bekomme. Der Staat als Zinswucherer, ein schönes Vorbild!

Da meine Testamentsvollstreckervergütung zu 100 % der Einkommensteuer unterworfen wurde und nicht um die Mehrwertsteuer reduziert war, hatte ich natürlich zu hohe Beträge an Einkommensteuer abgeführt. Dies wurde vom Finanzamt bisher überhaupt nicht berücksichtigt; ebensowenig Vorsteuerabzüge, die mir, unter der Voraussetzung, daß ich umsatzsteuerpflichtig gewesen wäre, zugestanden hätten.

Wenn ich meine Maßstäbe zugrundelege, muß ich das Verhalten des Finanzamtes als äußerst unseriös bezeichnen.

Dazu paßt auch, daß mir vom Finanzamt empfohlen wurde, meine finanziellen Mehrbelastungen an die Erben weiterzugeben.

Ich schrieb an das Finanzamt zurück, daß die Überwälzung der Mehrwertsteuer auf die Erben für mich nicht in Frage käme, da sich dieses mit meiner Auffassung von Redlichkeit nicht vertragen würde.

Ich hatte dem Finanzamt vorher bereits zur Kenntnis gegeben, daß, wenn die m. E. ungerechtfertigten Ansprüche durchgesetzt würden, es von mir, außer einer Veröffentlichung über dessen Praktiken bald gar nichts mehr gäbe; schließlich wollte ich in meinem jetzigen Alter nicht mehr in ständiger Rechtsunsicherheit leben, und wer weiß, was man sich noch einfallen lassen könnte.

Ich erinnerte in diesem Zusammenhang an einen Unternehmer, der mir freundschaftlich verbunden war, und der mich gebeten hatte, eben diese Testamentsvollstreckungsaufgabe zu übernehmen.

Ich hatte miterlebt, wie ihm nach einem arbeitsreichen Leben, nach einer mehr als fünfzigjährigen unermüdlichen Tätigkeit in seinem Betrieb (er fabrizierte und vertrieb hauptsächlich Dachbedeckungsmaterial für Flachdachbauten) vom Finanzamt Hamburg-HANSA wie zum Hohn bescheinigt wurde, daß seine Arbeitsleistung als »Hobby« anzusehen wäre. Was für eine Unmenschlichkeit, welcher Zynismus verbirgt sich dahinter. Begründet wurde dies damit, daß er über Jahre keine Gewinne mehr in seinem Unternehmen erzielt hatte.

Wer konnte das schon verstehen; immerhin beschäftigte er 15-20 Mitarbeiter und konnte seine Verluste mit Einnahmen aus seinem Grundbesitz ausgleichen.

Er fiel also niemandem zur Last und sorgte für Arbeit! Die Behörden haben mit ihrer arroganten, rücksichtslosen Einstellung diesen stolzen alten Mann gebrochen.

Die Folge war ein Schlaganfall und ein Dahinsiechen in Verbitterung bis zu seinem Tod.

Wenn ich das hier Vorgetragene in Betracht ziehe, muß ich sagen, daß ich mich mental bereits verabschiedet habe; es gibt Länder, in denen man mit Anstand behandelt wird und wo die Steuerlast zudem weit geringer ist. Der Krug ist zerbrochen, und wenn die Umstände es erlauben werden, packe ich meine Sachen und sage »Deutschland ade«.

Adolf Nazi

Im Hotel war ich ein Gast
Seit zehn langen Jahren fast,
Und erhielt deshalb ein Schreiben
Mit dem Wunsch, ihm treu zu bleiben.

Nun, dafür stand ich im Wort
Bei den vielen Freunden dort,
Wurd bestärkt in diesen Kreisen
Doch auf Mängel hinzuweisen.

Und was kam dabei heraus?
Dieses ehrenwerte Haus,
Keiner konnte es recht fassen,

Sollt für immer ich verlassen.

In der Tat, ich wurd ganz bleich,
Dacht ich wär im dritten Reich,
Wie ein Lump dort abgeschoben,
Von den hohen Herrn da oben.

Ja, man legte mir zur Last
Was zu Adolf Nazi paßt:
Entartet wäre ich gewesen,
Konnt ich schwarz auf weiß jetzt lesen.

Trieb mit Handtüchern dort Sex,

Schließlich auch der Fraunkomplex:
Gingen Frauen zu den Duschen,
Würd ich hinterher gleich huschen.

So schrieb mir der Advokat,
Wie ein Schmutzfink in der Art,
Gab er mir noch zu verstehen,

Mich als geisteskrank zu sehen.

Adolf Nazi, Adolf Nazi,
Auferstanden ist der Bazi,
Wenn wir dem uns nicht erwehren,
Wird er unser Land entehren.

König Alfreds Laus

König Alfred vom Hotel,
Hatte eine Laus im Fell,
In der Form von einem Gaste,
Der ihm plötzlich nicht mehr paßte.

Doch sein Hanswurst war parat,
Wieder mal mit gutem Rat:
Diesen Gast muß man entfernen
Aus dem Haus mit den fünf Sternen;

Wußt natürlich auch gleich wie,
Ja, man kannte sein Genie,
Im Erdenken von Geschichten,
Gästen Böses anzudichten.

Was er diesmal nun erfand,
Schien auf's Höchste interessant;
Dieser Gast, er sollte staunen,
Ging mit Damen in die Saunen.

Soweit war das üblich dort,
Und so fuhr der Hanswurst fort:
Hatten sie genug vom Schwitzen,
Würde dieser Gast gleich flitzen,

Hinter all den Damen her,
Zu den Duschen, das wog schwer;
Doch was würde jetzt wohl kommen?
Alfred grauste es den Frommen,

21

Und der König rief im Glück,
Hanswurst, welch ein Meisterstück!
Würd er sie mit Wasser spritzen,
Voll Entzücken nach dem Schwitzen?

Wollt er sich vielleicht erfreun
Ihrer Schönheit, sollt's ihn reun;
Wollt er ihren Rücken seifen?
Sollt man aus dem Haus ihn schleifen;

Alfred war ganz außer sich,
Liebster Hanswurst, mach schon, sprich!
Ließ der nun den König wissen,
Etwas unrein im Gewissen,

Er hätt das Gespräch gesucht,
Schrie der König, oh verflucht!
Hat er es denn auch gefunden?
Wollte Hanswurst nicht bekunden;

Drauf der König Alfred sprach:
Hanswurst laß uns denken nach;

Überleg, welch krumme Sachen
Könnt die Laus denn sonst noch machen?

Hanswurst dachte an den Spaß,
Wenn der König morgens aß;
Einen Teller voll mit Trüffeln,
Die die Schweine gern erschnüffeln;

Sogleich fiel dem Hanswurst ein,
Dieser Gast der wär ein Schwein;
Würd an Schmutzhandtüchern schnüffeln,
Wie die Schweine bei den Trüffeln.

Dies gefiel dem König sehr,
Und er sagte tränenschwer:
Oh Hanswurst, ich muß Dich loben,
Stehst in meinem Reich ganz oben,

Was Du jetzt Dir ausgedacht,
Mir im Herzen Freude macht;
Wenn wir das zum Besten geben,
Wird die Laus nicht überleben!

König Alfreds Versverbreitung

Als ich Alfreds Bilder klebte,
So die Hansestadt belebte,
Glaubte ich, man würde fragen,
Was sich da wohl zugetragen.

Klebte ich am Rothenbaume,
Um die Uni rum, im Raume
Dort, wo die Studenten gehen,
So daß sie die Bilder sehen.

Dann im Zentrum, dacht ich liege,
Richtig mit dem Jungfernstiege,
Hauptbahnhof und Lombardsbrücke,
Klebte ich die guten Stücke.

Vor der großen BILDungszeitung,
Geistreich in der Zubereitung;
Auch bei Welt und Abendblatte
Stand ich klebend auf der Matte.

Ja, sogar bei Stern und Spiegel,
Darauf geb ich Brief und Siegel,
Konnt mich noch so sehr bewegen,
Nicht ein einzger tat sich regen.

Nein, man zeigte kein Interesse,
Klar wohl bei der Springerpresse,
Die aus Alfreds Hofberichten,
Formt die herrlichsten Geschichten.

Ihn, den König hinterfragen,
Würde man deshalb nicht wagen;
Doch auch sonst, gesehn im Ganzen,
blieben aus die Resonanzen.

Kann sich drum der König freuen,
Unrecht tun und nicht bereuen,
Demokratisches Verstehen,
Würd ich jedoch anders sehen.

Für den Rechtsstaat

Beleidigung, versteh ich nicht,
Soll sein, wenn man die Wahrheit spricht,
Was ich nun per Gerichtsbeschluß
Mit Drohung akzeptieren muß.

Es kann auch sein, daß das Gericht,
Entschied, wir prüfen einfach nicht,
Und unterstelln, daß wer da klagt,
In jedem Fall die Wahrheit sagt.

Ist dies der Weg von unsrem Recht,
Dann steht's um unsren Rechtsstaat schlecht;
Es wird im Gegenteil zur Pflicht,
Zu sagen, nein, das mach ich nicht!

Hab sogar unter Eid bekannt,
Mich einzusetzen für das Land;
Für Recht und Freiheit einzustehn,
Mit Mut den rechten Weg zu gehn.

Wenn heute ein Gericht verfügt,
Daß der im Recht ist, der betrügt,
Dann wird es Zeit zum Widerstand,
Wie einst gelobt dem Vaterland.

König Alfreds Richter

Meinen Glückwunsch Euer Ehren,
Wie Sie mit dem Recht verkehren,
Da kann ich wohl voll Vertrauen
Nun in meine Zukunft schauen.

Ja, ich fühle das Vergnügen,
Wie Sie einstweilig verfügen,
Ohne Not, und nicht begründen,
Wie sie aussehn, meine Sünden.

Werden sich die Gegner freuen,
Die wie Finken Schmutz verstreuen,

Und die milden Kostengaben
Sicher wohl verdient sich haben.

Sollten auch zurück nicht schrecken,
Ihren Anspruch zu vollstrecken,
Dürfen sogar Zinsen nehmen,
Nein, sie werden sich nicht schämen.

Das tun dafür die Kollegen,
Die noch Wert auf Anstand legen,
Die im Rechtsgefühl nicht schwanken,
Ihnen möcht ich herzlich danken.

Für's Recht zugrunde gehn

Ein alter Rechtsgrundsatz besagt,
Daß, wenn ein Mensch wird angeklagt,
Der Kläger zu beweisen hat,
Dem Angeklagten seine Tat.

Solang noch aussteht der Beweis,
Gibt man nicht dessen Unschuld preis,
Und dies ist gut, man braucht Geduld,
Verurteilt niemand ohne Schuld.

Anders bei Hamburgs Landgericht,
Kennt man dort diesen Grundsatz nicht?
Mit dem, wie man mich hat belehrt,
Wurd er ins Gegenteil verkehrt.

Wenn hier der Kläger weiter lügt,
Wird das nicht vom Gericht gerügt;
Kein Grund, daß er dies unterläßt,
Stellt jetzt nicht der Beklagte fest,

Durch den Beweis eindeutig klar,
Daß schuldhaft es der Kläger war,
Der laut getönt aus falscher Brust,
Obwohl er's besser wissen mußt.

Da braucht ich wirklich guten Rat,
Fand aber niemand in der Tat,
Der den Beschluß konnte verstehn,
Und wußt, wie's könnt vonstatten gehn.

So steh ich hier, ich armer Tor,
Und geh nun analytisch vor,
So, daß vielleicht doch noch gelingt,
Was Goethes Faust nicht fertig bringt.

Stellt sich als dumm der Kläger hin,
Heißt dies, daß ich der Dumme bin,
Denn damit zeigte er doch an,
Daß er nichts besser wissen kann.

Ich müßt ihn führn auf's glatte Eis
Im Antidämlichkeitsbeweis;
Am besten wär die Beugehaft,
Die so zurück sein Wissen schafft.

Dies würde deshalb schon nicht gehn,
Weil Richter hinter mir nicht stehn;
Und es gibt manchen klugen Mann,
Der sich nicht mehr erinnern kann.

Auch den, der gar nicht wissen wollt,
Das, was er einfach wissen sollt;
Nun ja, man macht es mir nicht leicht,
Bisher hab ich noch nichts erreicht.

Steh mit dem Rücken hin zur Wand,
Hab aber doch was in der Hand;
Ich frag den Kläger, bitte sehr,
Wo ist das gute Wissen her?

Der Zeuge, nun, das ist recht dumm,
Fiel, wie bekannt, schon halbwegs um,
Der Kläger hat, nun gebt gut acht,
Den Vorwurf sich halb ausgedacht.

Doch Recht ist eine harte Nuß,
Die trotz Beweis man knacken muß,
Und spieln die Richter da nicht mit,
Wirst Du belohnt mit einem Tritt.

Könnt helfen ich dem Recht zum Recht,
So, daß entschieden würd gerecht,
Dann könnt ich, wie einst Faust es sehn,
Und dafür gern zugrunde gehn.

König in Hamburg

Hamburg, diese schöne Stadt,
Man sagt, sie wäre frei,
Doch seit sie einen König hat,
Ist es damit vorbei.

Es fing mit seiner Bockwurst an,
In seinem Bockwursthaus,
Da geht in Hamburg jedermann
Zum Essen ein und aus.

Dann folgte Alfreds Schloßhotel,
Das großen Umsatz macht,
Es war schon schön, die Zeit lief
schnell,
Die ich dort hab verbracht.

So war es also gut soweit,
Man hatte seinen Spaß,
Bis König Alfred mit der Zeit
Trug allzu hoch die Nas.

Regiert als wär er selbst der Staat,
Wie immer es ihm paßt,
Fühlt sich ein guter Hanseat
Ans Portepee gefaßt.

Wir wollen keinen Staat im Staat
Und keinen falschen Schein,
Ein Mensch mit menschlichem
Format
Darf bei uns König sein.

König Alfred und die Gebote

König Alfreds starke Note
Bringt im Spiegel der Gebote,
Deutlich an die Oberfläche,
Unverkennbar seine Schwäche.

So belegt er wohl beim Schwätzen
Einen von den ersten Plätzen;
Im Gebot heißt es für jeden,
Du sollst nicht falsch Zeugnis reden.

Gilt für Alfred nicht, den Frommen,
Mit der Wahrheit rauszukommen,
Er zeugt falsch und zieht vom Leder,
Schließlich ist er ja nicht jeder.

Und sogar bei den Gerichten
Kauft man ab ihm die Geschichten,
Wenn er angibt, höchst beflissen,
Er konnt's ja nicht besser wissen.

Das Gericht hält's für geboten,
Nicht beim König auszuloten,
Ob falsch Zeugnis wurd gesprochen,
Also das Gebot gebrochen.

Sind Gebote hier zu deuten
Anders als bei kleinen Leuten?
Bleibt die Frage drum bestehen,
Wollt der Herr das auch so sehen?

Heißt es dann, Du sollst nicht töten,
Scheint für diese Welt vonnöten;
Das Gebot, ich würd's zum Segen,
Für die Menschheit weit auslegen.

Auf's Gewissen sollst Du hören,
Andrer Seelen nicht zerstören,

Jedes Menschen Würde achten,
Dich nicht als ihr Herr betrachten.

Nun, es wird kein Zuckerschlecken,
Möcht in Alfreds Haut nicht stecken,
Werden ihm die Himmelswesen
Ganz schön die Leviten lesen.

Die Verkündung

König Alfred kann sich freuen,
Denn ich hört, die Königstreuen,
Hätten sich dafür entschieden,
Daß er weiter kann in Frieden,

Seine ganze Macht entfalten,
Um im Unrecht zu gestalten,
Seiner Klage wäre eben,
Vollen Umfangs stattzugeben.

Kosten muß er auch nicht tragen,
Weil er ja zurecht tat klagen;
Das wär's erst einmal gewesen,
Die Begründung könnt man lesen,

Wenn sie demnächst wär geschrieben,
Bis dahin wird mir geblieben
Sein die Zeit, um zu berichten,
Noch von weiteren Geschichten.

Für die Richter möcht ich hoffen,
Daß der König frei und offen,
Wird mit Würsten sie beschenken,
Ihrer Großtat zum Gedenken.

Besser noch, er würd statt Würsten,
Sie jetzt zähln zu seinen Fürsten
Oder auch zu Para-Grafen,
Das reicht schon um gut zu schlafen.

Im Namen des Volkes

Was wir in des Volkes Namen
Schon für Urteile bekamen,
Mag man seinen Namen nennen,
Kaum würd's sich dazu bekennen.

Sollen mich die Richter schelten
Für ihr Urteil würd dies gelten,
Nur den König kann es freuen,
Er braucht gar nichts zu bereuen,

Und das Volk, es darf nicht hören,
Was den König könnte stören;
Da kann ich vergeblich klagen,
Doch den Richtern möcht ich sagen:

Meine Dame, meine Herren,
Wenn Sie sich beharrlich sperren,
Nur die eine Seite sehen,
Wird das Volk dies kaum verstehen.

Wenn Sie ständig wiederholen,
Fuchs, Du hast die Gans gestohlen,

Die der König längst gegessen,
Frag ich mich, wie Sie denn messen;

Gast zu sein bei einem König,
Schert das wirklich Sie so wenig,
Einem Gast die Ehre stehlen,
Das soll heute nichts mehr zählen?

Hinter Dienern sich verstecken,
Damit wollen Sie ihn decken?
Was der König vorgetragen,
Hört man keinen Diener sagen!

Sollten Sie sich redlich zeigen
Und die Wahrheit nicht verschweigen,
Was dem König wurd zur Schande,
Wär so üblich hier im Lande?

Soll man weinen, soll man lachen,
Wenn Sie solche Späße machen,
Könnte sich das Volk beschweren,
Daß Sie es zu wenig ehren.

Leben wir denn auf dem Mist?

Was geschah im dritten Reich,
Nun, Herr Richter Pflaumenweich?
Wie fing dort das Übel an,
Ob man sich erinnern kann?

Erst wurde der Mensch entehrt,
Gleichfalls für pervers erklärt,
Und im weiteren Verlauf ...
Gehen jetzt die Augen auf?

Was? Der König wurd geschmäht,
Weil man aufrecht vor ihm steht?
Sich nicht infizieren lässt,
Von dem Gift der Schweinepest?

Zählt nicht mehr des Königs Tat,
Wird nach richterlichem Rat,
Sie auch noch zum Recht erklärt,
Läuft ganz sicher was verkehrt.

Wird des Königs Gast entehrt,
Ist das nicht der Rede wert,
Weil das hier so üblich ist,
Leben wir denn auf dem Mist?

Sind wir wirklich schon so weit,
Im Beginn vergangner Zeit;
Zähln Moral und Anstand nicht
Bei dem hohen Landgericht?

Ich ruf nicht »Heil Alfred«, nein!
Säh ihn gern im wahren Sein,
Auch in heiligen Gewändern,
Doch der König muß sich ändern!

Ein königlicher Staatsanwalt

Alfred war des Lobes voll,
Höchste Anerkennung zoll
Ich auch diesem Staatsanwalt,
Man sollt ihn befördern bald.

Er hat eindrucksvoll gezeigt,
Daß er mir treu zugeneigt,
Daß ich mich auf diesen Mann
Voll und ganz verlassen kann.

Er ist wirklich aufgeweckt,
Wie er Springermann gedeckt,
Mach ihm erst mal einer nach,
Ich lag fast vor Lachen flach.

Einmal hin und einmal her,
Rechtbekommen ist nicht schwer,
Zeuge ja und Zeuge nein,
Er stellt das Verfahren ein.

Und wie er so elegant
Die Begründung dafür fand;
Daß er gar nichts widerlegt,
Hat mich gleichfalls tief bewegt.

Dann auch noch die Unterschrift,
Daß er dieses Riff umschifft;
Wie ein Kapitän sein Schiff,
Hat er fest das Recht im Griff,

Kann es wenden, kann es drehn,
Er beherrscht es souverän;
Solch ein Mann, wir werden sehn,
Muß im Land ganz oben stehn.

Schmidtchen Schleicher

Staatsanwaltschaft Hamburg,
Das ist ein Verein,
Stellt nach Lust und Laune
Die Verfahren ein.

Einen Zeugen Schwendy
Fand sie leider nicht,
Gleichfalls den Herrn Färber,
Also ihr Bericht:

Nichts ist auszuschließen,
Was Herr Schwendy sagt,
Ebenso Herr Färber,
Wenn man ihn befragt.

Ist nichts auszuschließen,
Schließen wir den Akt,
Solln wir auch noch denken,
Wär dies zu vertrackt.

Hieß der Zeuge Schleicher,
Schmidtchen beispielsweis,
Oder Julius Streicher,
Legten wir genauso,
Diesen Fall auf Eis.

Wie zu guten alten Zeiten

Den Verleumder zu benennen,
Nein, da stehn die Richter vor,
Die sich zu dem Herrn bekennen,
Singen acht Mann hoch im Chor:

Seinen Namen kundzugeben,
Wär ein sträfliches Vergehn,
Denn im öffentlichen Leben
Ist der Herr höchst angesehn.

Ihm sollen die Rechte dienen,
Schließt Verleumdung gleich mit ein,
Und die Richter raten Ihnen,
Nicht so zimperlich zu sein.

Werden Sie zur Ordnung rufen,
So was kostet richtig Geld,
Haft folgt dann in weitren Stufen,
Wenn die Ordnung nicht gefällt.

Zeiten, wie die guten alten,
Ruft da wach das Rechtssystem,
Man braucht nur den Mund zu halten,
Lebt dann äußerst angenehm.

Die Suppenspucker

Jetzt spuckt eine ganze Gruppe
Richter mir schon in die Suppe,
Doch die Gruppe mit Gewehr
Führte ich beim Militär.

Deshalb bleibe ich gelassen,
Weiß die Herren anzufassen;
Wenn sie wollen, kriegen sie
Eine Gruppentherapie.

Und gehn schließlich sie zu Werke,
Sagen wir in Truppenstärke,
Nein, ein guter Offizier
Steht durchaus auch aufrecht hier.

Wenn sie also noch mehr spucken,
Soll mich das nicht weiter jucken,
Denn auch ihnen, das voraus,
Geht einmal die Spucke aus.

Und die Spucke in den Suppen
Kann sich derart dort entpuppen,
Daß sie sich darin nicht hält,
Zurück auf die Spucker fällt.

Die Affenschande

Was mir widerfahrn im Lande,
Ich sag, eine Affenschande;
Als normal wird angesehn,
Was ein Affe würd verstehn,

Wenn er vor dem Silberrücken
Untertänigst sich muß bücken,
Damit der nicht schlägt und beißt,
Ihn vielleicht in Stücke reißt.

Lernten hier im Land die Laffen
Zwischenzeitlich von den Affen,
Denk ich, sollt ich widerstehn
Und nicht in die Kniee gehn.

Doch die Landesrichter lachen,
Wollen mich zum Affen machen,
Der erschreckt vom Ordnungsgeld
Tunlichst seine Klappe hält.

Grad so wie im Land der Affen
Geht's dann zu, sie könnten's schaffen;
Da muß sagen der Verstand,
Das ist eine Affenschand.

Aus den Angeln

Weil's dem Richter so gefällt,
Mußt ich zahlen Ordnungsgeld,
Da er sonst die Ordnung schafft
Hier im Land mit Ordnungshaft.

Was er schlicht für Ordnung hält,
Hat sie auf den Kopf gestellt,
Denn für mich ist sie derweil
Ganz genau das Gegenteil.

Ordnung tut auf wahrem Grund
Sich dem Ordentlichen kund,
Doch der Richter scheut das Licht,
Wahrheit hören will er nicht.

Sie paßt nicht in seine Welt,
Fasziniert vom großen Geld,
Und dazu vom Schein entzückt,
Hat er sie schnell unterdrückt.

Für den Rechtsstaat merklich schlecht
Entsteht so ein Ordnungsrecht,
Das ihn, so bahnt es sich an,
Aus den Angeln heben kann.

Zucht und Freiheit

Freiheit läßt sich nicht erleben,
Wenn gedanklich wir entschweben,
In der Tat nur, nicht durch Flucht
Und der Selbstbeschränkung Zucht.*

Deshalb mußt ich mich erheben,
Aus Protest die Verse kleben,
Doch wir sahen, das Gericht
Schätzte diese Freiheit nicht.

Freiheit durch die Zucht dagegen
Scheint probat den Rechtsstrategen,
Weil man mit der Ordnungshaft
Wahres Rechtsbewußtsein schafft.

Unfreiheit im Hafterleben
Kann es deshalb gar nicht geben,
Wenn die Denkstrukturen blind
In der Zucht verhaftet sind.

*Sh. Dietrich Bonhoeffer »Freiheit und Zucht«
geschrieben nach dem 20. Juli 1944 im Gefängnis Tegel

Die schöne Stadt

Die Stadt, sie war mein Heimatort,
Mit Parks, den schönen Bäumen,
Der Alster, Elbe mir ein Hort,
Mit all den Jugendträumen.

Wo Menschen mir begegnet sind,
Die gaben mir Vertrauen;
Hier wollt, so dacht ich schon als Kind
Mein Leben ich aufbauen.

Man sprach damals von Kaufmannsehr,
Von stolzen Hanseaten,
Heut zählt das alles nun nicht mehr,
Wo sind wir hingeraten?

Den Ton gibt an das große Geld,
Die Bürger solln sich bücken,
Weil sogenannte Herrn von Welt
Sie durch ihr Sein beglücken.

Die Ehre scheint ein leeres Wort,
Der Staat zu korrumpieren,
Ich frag mich, zieh ich lieber fort,
Hier kann ich nur verlieren.

Die Stadt, die einst mir Heimat war,
Es tut mir leid, wie schade,
Sie ist nicht mehr so wunderbar,
Schön blieb nur die Fassade.

Verbotene Bücher

Niemals wollt ich Bücher schreiben,
Man schreibt ohnehin zu viel,
Das gehört um »in« zu bleiben,
Heute schon zum guten Stil.

Trotzdem habe ich geschrieben,
Denn für mich ging es um mehr,
So ist mir nur dies geblieben,
Um Gerechtigkeit und Ehr.

Was ich schrieb darf man nicht lesen,
Nämlich gleich der Bücher drei,
Ist der Richterspruch gewesen,
Doch ich schrieb mich dadurch frei.

Unterliegt mein Schreibstil Tadel,
Sagt man, er wär einfach schlecht,
Ich näh mit zu heißer Nadel,
Nun, da hat man sicher recht.

Drei verbotne Bücher schreiben,
Macht jedoch für sich schon Sinn,
Weil ich damit, das wird bleiben,
In bester Gesellschaft bin.

Der Außenseiter

Unseres Königs Wegbereiter
Schimpfte mich den Außenseiter;
Mir scheint, ich muß recht ihm geben,
Diesmal lag er nicht daneben,

Obwohl er, der mächtig grollte,
Hier gar nicht im Recht sein wollte,
Denn er wollt nichts Gutes sagen,
Wettern gegen mein Betragen.

Doch wenn Leute außen stehen,
Sollt man das genauer sehen;
Sie sind nicht ein Teil der Massen,
Die sich so leicht lenken lassen,

Vor den hohen Herrn erbeben,
Wenn die Stimme sie erheben,
Ungerechtigkeit sich fügen,
Der Gemeinheit und den Lügen.

Sondern sich dem Recht zu Ehren
Gegen solche Herren wehren,
Und auf diese Weise eben
Grad von außen etwas geben.

Die Schleimer

Wenn Dir ein Richter etwas sagt,
Riet man, um mich zu warnen,
Was ganz und gar Dir nicht behagt,
Dann mußt Du ihn umgarnen.

Machst Du das nicht, bist Du ein Tor,
Und er läßt Dich abblitzen;
Schon mancher tat sich so hervor,
Darf deshalb länger sitzen.

Schau Dir nur an die schöne Welt,
Wie überall sie schleimen;
Sagt einer, daß ihm's nicht gefällt,
Beginnt man ihn zu leimen.

Der Schleim ist's, der zusammenhält
Der Menschen Weltgefüge,
Und untermischt mit großem Geld,
Entsteht Betrug und Lüge.

Wer so besonders fleißig rührt,
Der rührt sich ganz nach oben,
Wenn er dann andre Menschen führt,
Wird man ihn tüchtig loben.

So ist das auf dem Erdenrund,
Versuch es zu verstehen,
Und halte tunlichst Deinen Mund,
Willst Du nicht untergehen.

Die Welt als Wille und Vorstellung

Nach dem richterlichen Willen
Sollt ich schlucken solche Pillen,
Die die mir gedachte Welt
Hätten auf den Kopf gestellt.

Eine Welt mit lautren Quellen
Würden sie dadurch vergällen,
Statt der Wahrheit als Bezug
Zählt dann Lüge und Betrug.

Wir wolln uns die Welt im hellen
Ungetrübten Licht vorstellen,
Dunkle Kammern vom Gericht
Sieht man darin besser nicht.

Wo die Richter wolln uns ducken,
Wenn sie solche Pillen schlucken,
Baun sie damit eine Welt,
Die mir wirklich nicht gefällt.

Auf freiem Fuß

Ein neues Jahr und Gott zum Gruß,
Noch stehe ich auf freiem Fuß;
Das könnt sich ändern ganz geschwind,
Wenn die Plakate fertig sind,

Die für ein Sein in Wahrheit werben,
Damit die Freiheit nicht mög sterben,
Damit die Menschen aufrechtstehn,
Uns Richter nicht die Luft abdrehn.

Damit die Mächt'gen uns nicht ducken
Und lächelnd ins Gesicht uns spucken,
Damit nicht im verlognen Schein
Die Herrschenden uns wickeln ein.

Damit wir hier in Würde leben,
Nicht kriechen, sondern uns erheben,
Damit den Bürger man nicht linkt,
Das Unrecht nicht zum Himmel stinkt.

Recht zu Essig

Er wurde Schuldner ohne Schuld
Und hatte wahrlich viel Geduld
Mit Richtern, die ihn schuldig schrieben
Ihm dann die Antwort schuldig blieben;

Denn alles, was er darauf schrieb,
Floß durch ihr Hirn wie durch ein Sieb;
Sie wollten nicht das Recht gestalten,
Stattdessen lieber recht behalten.

Doch was nur ist das für ein Recht,
Das ihnen dient so wie ein Knecht,
Dem sie verkrümmten seinen Rücken,
Weil er muß Wahrheit unterdrücken?

Ein Recht, das wie der Wein vergärt
Zu Essig, ohne großen Wert,
Das jene Bürger läßt versauern,
Die bei uns um die Wahrheit trauern.

iah, iah

Das Eselstribunal

Wenn mal wieder Eseleien
Vom Gericht zum Himmel schreien,
Tritt an mich die Frage ran,
Was man daran ändern kann.

Hätte ich für mich zu wählen,
Würd ich auf den Esel zählen,
Denn ein Eselstribunal
Wär für mich die erste Wahl.

Man brauchte nicht lang zu klagen,
Mit dem Unverstand sich plagen,
Kosten würden kaum entstehn,
Der Prozeß so vor sich gehn:

Alle müßten sich verbeugen,
Um dem Esel zu bezeugen,
Daß eine Autorität
Hier vor den Parteien steht.

Dann geht es sogleich ums Ganze,
Man zieht an des Esels Schwanze,
Der darauf, stets unbegründet,
Seinen Urteilsspruch verkündet.

Schreit der Esel dreimal laut,
Hätte ich auf Sand gebaut,
Und beim vierten Mal, nicht schlecht,
Wäre ich diesmal im Recht.

Damit wär der Fall entschieden,
Weitres Hin und Her vermieden,
Denn die höhere Instanz,
Die entfällt natürlich ganz.

Die Schattenstadt

Seit die Stadt, seit die Stadt
Einen Bockwurstkönig hat,
Glaubt man, daß dank seiner Gaben
Niemand wird mehr Hunger haben.

Doch die Stadt, doch die Stadt
Wurde leider viel zu satt,
Und der König konnt beizeiten
Einfluß und die Macht ausweiten.

Nimmt der Stadt, nimmt der Stadt
Freiheit, macht sie geistig platt,
Kann jetzt schon die Staatsgewalten
Sich zu seinen Diensten halten.

In der Stadt, in der Stadt
Stolz auf manches Presseblatt,
Wurd er, huldvoll übertrieben,
Sogar heilig schon geschrieben.

Und der Stadt und der Stadt
Lichter wurden trüb und matt,
Von dem, was wir einmal hatten,
Ist geblieben nur ein Schatten.

PLAKAT I

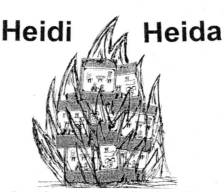

Heidi　　Heida

Heidi, heida, es ist so weit,
Der König siegt im Meinungsstreit,
Kommt liebe Leut' und schaut Euch an,
Wie schön ein Feuer brennen kann,

Denn es bestimmte das Gericht,
Die Bücher lesen dürft Ihr nicht;
Dafür dürft Ihr nun gerne sehn,
Wie lodernd sie in Flammen stehn.

So wird, wie nicht ganz unbekannt,
Die Wahrheit wieder mal verbrannt,
Sie war noch nie so recht beliebt,
Wie schön, wenn sie jetzt Wärme gibt.

Heidi, heida, es ist soweit,
In unsrer aufgeklärten Zeit
Wird vorgegeben vom Gericht,
Was Ihr dürft lesen und was nicht.

Unter Berücksichtigung der Zensur durch das
Hamburger Landgericht sind im
VERLAG: MEIN BUCH
folgende Bücher neu erschienen:

**ERLEBNISSE IM HOTEL
MIT KÖNIG ALFRED UND SEINEM HANSWURST**
Band I-V　·　sowie:
**SOKRATES LÄSST DEUTSCHLAND GRÜSSEN
DAMIT DIE FREIHEIT ATMEN KANN**

Erhältlich im Buchhandel und unter www.MeinBu.ch

PLAKAT II

Spaß muß sein

An den Litfaßsäulen brennen
Bücher, und die Menschen rennen
Unbeeindruckt dran vorbei,
So als ob dies gar nichts sei.

Lesen an den Bilderwänden
Ist für sie nur Zeitverschwenden
Und für viele jedes Buch
Ohnehin ein rotes Tuch.

Wenn erst Bücher wirklich brennen,
Wie wir das von früher kennen,
Schaut man wohl in aller Ruh
Immerhin ein wenig zu.

Meint dann aber nur, deswegen
Braucht sich keiner aufzuregen,
Weil sich das bestimmt nicht lohnt,
Man ist anderes gewohnt.

Muß doch nur ins Fernsehn schauen,
Tag für Tag Gewalt und Grauen,
Jeder hier im Land der kennt
Auch die Bilder wenn es brennt.

Manchmal ganze Häuserreihen,
Menschen die verzweifelt schreien,
Da fällt bei den Büchern ein,
Laß sie brennen, Spaß muß sein.

Aus dem Dunkel zum Licht

Volksgerichtshof hier im Lande,
Er gereichte uns zur Schande
Mit den Richtern, die vollstrecken
Der Tyrannenherrschaft Schrecken.

Straften gängig nach der Mode
Unliebsame mit dem Tode;
Sie, in ihren dunklen Roben
Mochten schreien, wüten, toben,

Doch es gab die Unverzagten,
Von der Mordbrut angeklagten,
Die auch jetzt noch aufrechtstanden,
Mutig diese Worte fanden*:

Unsrem deutschen Land zu Ehren
Gilt es Unrecht abzuwehren,
Zu bekämpfen, aufzudecken,
Was die Welt erfüllt mit Schrecken.

Wie Sie immer mögen richten,
Die uns auferlegten Pflichten
Sind uns heilig, und wir geben
Für die Freiheit unser Leben.

Wir stehn fest in unsrem Glauben,
Keine Macht kann ihn uns rauben,
Deutschland darf nicht untergehen,
Möge wieder Licht bald sehen.

*Sh. »Freiheit unser höchstes Gut«
Ein Lesebuch für die Abschlußklassen der Hamburger Schulen

Seite 105 f. Kurt Huber
Seite 107 f. Julius Leber

Dank der Polizei

Unsre werte Polizei,
In der Tat der letzte Schrei,
Und im folgenden berichten
Wir alltägliche Geschichten.

Scheibenbruch, Häuser beschmiert,
Telefonisch registriert,
Diebstahl, bei den kleinen Sachen
Kann man ohnehin nichts machen.

Ist das ganze Auto weg,
Kriegen Sie bloß keinen Schreck;
Kauft man sich ein neues eben,
Hilft die Konjunktur beleben.

Nein, wir kommen nicht vorbei,
Es gibt doch nur Schreiberei,
Bevor Sie das neue kaufen,
Sollten Sie auch ruhig mal laufen.

Abends auf der Straße dann,
Hinterrücks, es war ein Mann,
Eine Frau beraubt, geschlagen,
Blut, es drehte sich der Magen.

Stellungnahme vom Revier,
Das passierte öfters hier,
Wer wird auch, statt fernzusehen,
Abends auf die Straße gehen.

Trotzdem sage ich, nur Mut,
Denn die Polizei ist gut;
Heute, schon am frühen Morgen,
Machte sie sich große Sorgen

Folgte mir mit blauem Licht,
Denn die Sicherheit ist Pflicht,
Durch den Gurt, mich anzuschnallen,
Will mir nicht so recht gefallen.

Und die ganze Prozedur
Kostet dreißig Euro nur;
Da gibt's wirklich nichts zu klagen,
Und ich kann nur danke sagen.

Der erschlagene Lump

Carolina ist ihr Name,
Eine jugendliche Dame,
Gleichwohl nicht mehr ganz so jung,
Aber hübsch mit sehr viel Schwung.

Es wurd etwas später heute,
Nur vereinzelt sah man Leute,
Und nach Haus, das kleine Stück,
Legte sie zu Fuß zurück.

Jetzt warn es noch fünfzig Meter,
Hinter ihr vermummt der Täter,
In der Hand mit einem Stein
Schlug er plötzlich auf sie ein.

Hat die Tasche ihr entwunden,
War darauf sofort verschwunden,
Sein Schlag traf auf Kopf und Hirn,
Blut floß über ihre Stirn;

Unter Schmerzen ohnegleichen
Konnt sie grad ihr Heim erreichen;
Das passierte öfters dort,
So die Polizei vor Ort.

Das heißt wohl, wir müssen eben
In das Schicksal uns ergeben;
Da hab ich mir meine Welt
Doch ganz anders vorgestellt.

Wenn ich nun an gleicher Stätte
Diesen Lump erschlagen hätte,
Nein, ich hätte das bis heut
Sicherlich noch nicht bereut.

Eine wundersame Welt

Schwerbehindert war die Dame,
Konnt nicht ohne Hilfe gehn,
Nachgereicht wird gern ihr Name,
Der Professor wollt sie sehn.

So hab ich sie hingefahren,
Hielt direkt vorm Krankenhaus,
Denn sie mußte Kräfte sparen,
Nur mit Mühe stieg sie aus.

Schließlich konnt ich sie nicht tragen,
Doch drei Plätze waren frei,
Allerdings für Krankenwagen
Und für die der Polizei.

All die andren in der Nähe
Waren wieder voll besetzt,
Man denkt dort, wie ich das sehe,
An Behinderte zuletzt.

Einen freien Platz belegen,
Schien in unsrem Fall normal,
Wie sie sonst zum Arzt bewegen,
Mir blieb keine andre Wahl.

Hiermit hab ich ihn beschrieben,
Den genauen Sachverhalt,
Der nun ließ, nicht übertrieben,
Den Beamten völlig kalt.

Deshalb soll ich dafür büßen,
Falsches Parken kostet Geld,
Deutscher Kleingeist, er läßt grüßen,
Eine wundersame Welt.

Wenn, wo Hilfe wird gegeben,
Er von Fehlverhalten spricht,
Doch demnächst kann man erleben
In der Sache das Gericht.

Und darüber wird berichtet
Dann im folgenden Gedicht,
Schaun wir mal wie es gewichtet,
Ob beim Schatten ist auch Licht.

Im Strafgericht

Da sitz ich nun im Strafgericht,
Verplämper meine Zeit,
Doch der Termin, er ist in Sicht,
Noch ist es nicht soweit.

Die kranke Frau, sie liegt zu Haus,
Ich wünscht, ich wär bei ihr,
Stattdessen harre ich hier aus
Und mach Gedanken mir.

Ganz sicher brauchte sie mich sehr,
Davor steht das Gericht,
Was wohl erwarten wir schon mehr,
Es tut nur seine Pflicht.

Der Richter kam, ich las ihm vor
Das Sachverhaltsgedicht, *
Sieh an, er war sogar ganz Ohr,
Beeindruckt hat's ihn nicht.

Für ihn zählt nur der Paragraph,
Das hatt ich mir gedacht,
So wurd von ihm dann treu und brav
Sein Urteil schnell gemacht.

Schuldig! Verkündigte er jetzt,
Das einzige was zählt,
Es wurde das Gesetz verletzt,
Ich lächelte gequält.

Ja das Gesetz, das kenn ich auch,
Doch was ist mit Vernunft?
Davon macht selten nur Gebrauch
Die richterliche Zunft.

Daß dadurch Unrecht wird gesät,
Was geht's den Richter an,
Er ist, wie sich von selbst versteht,
Ein ehrenwerter Mann.

Mein Einwand der wär widerlich,
So fiel er mir ins Wort,
Nur selbstgerecht und liderlich,
Den Staatsanwalt vor Ort

Wollt schalten er vielleicht drum ein,
Das fänd ich gar nicht schlecht,
Viel klüger wird der auch nicht sein,
Es lebe hoch das Recht!

* Sh. »Eine wundersame Welt«

Drei Mann hoch

Drei Mann hoch beim Strafgericht
Sind mir wert noch ein Gedicht;
Man sollt meinen, vom Gewicht her
Wär das kein Fall für den Richter,

Und die Polizei, nun ja,
Ist wenn man sie nicht braucht da.
Sie, des Volkes Ordnungshüter,
Entzieht ihm so Wirtschaftsgüter

In der Form von Arbeitszeit,
Die wir stelln dem Staat bereit;
Schlimmer, sie hilft abzubauen,
Was ich hatte: Staatsvertrauen.

Dadurch wird aus Arbeitslust
Dann bei vielen Bürgern Frust,
Und der Richter sollt das Denken
Auf den Ordnungshüter lenken.

Wär in Ordnung unsre Welt,
Müßt der zahlen Ordnungsgeld,
Um zum wahren Recht beizeiten
Seinen Horizont zu weiten.

Der Gesetzeshüter

Nein, sprach der Gesetzeshüter,
Es gibt keine höhren Güter
Als Gesetze hier im Land,
Sie bewahren den Bestand,

Wenn ich sie nur strikt anwende
Und nicht meine Zeit verschwende
Mit Gedanken, ob ich dann
Menschlich dies vertreten kann;

Ich tat meiner Pflicht Genüge
In dem staatlichen Gefüge,
Mehr ist, und das macht auch Sinn,
Hier in meinem Amt nicht drin.

Denn sonst wärn die Kompetenzen,
Die ich habe zu ergänzen;
Ich müßt, und das leuchtet ein,
Selbst Gesetzesgeber sein.

Der hat, wenn Sie mich befragen,
Die Verantwortung zu tragen,
Ich führ lediglich hier aus,
Bin fein aus dem Schneider raus.

Nur Schatten

Wie gewohnt ging er vonstatten
Der Prozeß, kein Licht nur Schatten,
Denn der Richter als ein Licht
Erschien er mir wirklich nicht.

War auch sicher keine Leuchte,
Die zum Lichtblick man mal bräuchte,
Wie die Funzel in dem Tran
Zog er stetig seine Bahn.

Klebte fest am Paragraphen,
Um mich danach abzustrafen,
Mit dem Paragraph zur Hand
Braucht kein Richter den Verstand,

Suchte er dann zu erklären,
Weil nur so das Recht kann währen;
Da zieh ich doch allemal
Vor das Eselstribunal.*

* Sh. »Das Eselstribunal« Seite 50

Widerwort für'n Staatsanwalt

Das Gericht ist nicht der Ort,
Wo sich ziemt ein Widerwort;
Der Richter fand es widerwärtig,
War deshalb ganz schnell mit mir fertig.

Drohte mir auch gleich eiskalt
Dafür mit dem Staatsanwalt;
Sollt den Richter ich drum rügen,
Nein, ich hätte mein Vergnügen,

Wenn in diesem Fall der Mann
Wenigstens bis drei zähln kann;
Dann hätt ich auch Grund zu hoffen,
Daß der Streitausgang wär offen,

Daß es Staatsanwälte gibt,
Wo es doch noch richtig piept,
Denn bisher, ich will nicht unken,
Schienen alle mir betrunken,

Weil von nüchternem Verstand
Ich bei ihnen nicht viel fand,
Und die rechtlichen Interessen
Hatten völlig sie vergessen.

Spott und Hohn

Sollt ich die Justiz verwöhnen,
Weil zu Unrecht ich mußt löhnen?
Da scheint als gerechter Lohn
Mir doch eher Spott und Hohn.

Denn es kam in jedem Falle
Richtig hoch mir meine Galle,
Fügte ich mich schweigend drein,
Hätt ich schon den Gallenstein.

Spott und Hohn sich zu verbeten
Von dem Bürger der getreten,
Wär das so, wo bliebe sie,
Unsere Demokratie?

Doch ganz sicher auf der Strecke,
Auch wenn ich hier Ängste wecke,
Ich sag Bürger schlaft nicht ein,
Ihr müßt immer wachsam sein.

Die Justiz hat im Versagen
Hohn und Spott dann zu ertragen,
Damit sie vor dem Erblinden
Möge wieder zu sich finden.

Ein kalter Arzt

Wir fuhren Dich ins Krankenhaus
In einem Notarztwagen,
Dein Bein, es sah schon böse aus,
So mußten wir Dich tragen.

Der Arzt, der es hat operiert,
Er sollte nach Dir schauen,
Schien uns bisher durchaus versiert,
Wir schenkten ihm Vertrauen.

Er sah Dich an, sprach frank und frei,
Wir können amputieren,
Die Chance ist groß, daß Sie dabei
Ihr Leben gleich verlieren.

Es gibt die zweite Möglichkeit,
Daß Sie hier noch verweilen,
Für eine nicht sehr lange Zeit,
Ihr Bein ist nicht zu heilen.

Dann fahren Sie nach Haus zurück
Und lassen sich dort pflegen,
Es bleibt ein kurzes Wegesstück,
Sie gehn dem Tod entgegen.

Es traf uns wie ein Donnerschlag,
Von diesem Arzt die Kälte,
Wie er der Frau, die vor ihm lag,
Die Diagnose stellte.

Wir dachten gleich ist es soweit,
Sie wird zusammenbrechen,
Doch mit so großer Tapferkeit
Begannst Du jetzt zu sprechen:

Mein Bein, es wird nicht amputiert,
Das müssen Sie verstehen,
Der Arzt ist draufhin abmarschiert,
Ward niemals mehr gesehen.

Du warst nicht länger interessant,
Für ihn nur eine Nummer,
Ein Mensch, gelenkt nur vom Verstand,
Der fühlt nicht Leid und Kummer.

Ist er als Arzt nicht fehl am Platz?
Wenn wir es recht betrachten,
Ich fasse es in einen Satz,
Er sollte Schweine schlachten.

Der Scharlatan

Er tat mir Gutes als Masseur,
Weshalb ich immer zu ihm hielt,
Massieren reichte dann nicht mehr,
So daß er jetzt den Guru spielt.

Er pendelt und weiß gleich genau,
Was Dir zum Wohlsein alles fehlt,
Erkennt dadurch im Darm den Stau
Und auch das, was Dich sonst noch quält.

Er wedelt in der Luft herum,
Verleiht Dir damit neue Kraft,
Weil er so, das scheint gar nicht dumm,
Entspannte Atmosphäre schafft.

Verkauft nun auch noch Chips dazu,
Und trägt man nah am Körper sie,
Wird man versorgt, das ist der Clou,
Mit Abwehrstoff und Energie.

Läßt dann die Wirkung einmal nach,
Ruft man nur bei dem Guru an,
Weil er den Chip, wird er mal schwach,
Durchs Telefon aufladen kann.

So weit so gut, ich nahm das hin,
Solang er mich, wenn auch nur kurz,
Massierte in des Wortes Sinn,
War mir sein Hokuspokus schnurz.

Doch dann hat er mal zugepackt,
Das Rückgrat mir dabei verdreht,
Es hat ganz fürchterlich geknackt,
Daß einem Hörn und Sehn vergeht.

Ein Nerv gequetscht, und ich bin froh,
Daß ich die Hand bewegen kann,
Die Finger taub, doch denk ich so
Nun täglich an den Scharlatan.

Zwei und zwei sind drei

In der Schule lernten wir
Zwei und zwei sind genau vier,
Doch die Logik kam abhanden,
Heut wird das nicht mehr verstanden.

Selbst in höchsten Ämtern nicht
Und schon gar nicht bei Gericht;
Zwei und zwei, um das zu lösen,
Dies Problem mit Haken, Ösen,

Hieß es, das ist viel zu schwer,
Ja, da muß ein Fachmann her
Mit dem größten Sachverstand,
Wie der Richter klug befand.

So ein Mann mit Sachverstand
Dachte nach und gab bekannt:
Zwei und zwei sind genau drei,
Daran kommt man nicht vorbei.

Das vermutete ich schon
Sprach der Richter, ernst im Ton,
Und entsprechend wohlbedacht,
Hat sein Urteil er gemacht:

Selten war ein Fall so klar,
Wo ich mir so sicher war,
Vier spräch jeder Logik Hohn,
Es gibt keine Revision.

Die grundsätzliche Bedeutung

Richter vom Finanzhof lehren,
Daß nicht von Bedeutung wären
Wahrheiten, die der Verstand
Hätt als richtig klar erkannt.

Diese Paragraphenblinden
Wollen keine Wahrheit finden,
Denn die Paragraphenflut
Ist für sie das höchste Gut.

Nur die Flut der Paragraphen
Trägt ihr Schiff zum sichren Hafen,
Gäb es nicht den Paragraph
Kämen sie nicht in den Schlaf.

Deshalb wird den Paragraphen
Keinesfalls man Lügen strafen,
Ist er ab und zu verkehrt,
Mindert das nicht seinen Wert.

Und im Grundsatz kann das Denken
Man sich aufgrunddessen schenken,
So daß man in diesem Geist,
Was nun folgt weit von sich weist:

Grundsätzlich bedeutend wäre,
Daß man Wahrheit gibt die Ehre,
Für den rechtlichen Bestand
Und das Ansehn hier im Land.

Herr Schädlich

Meine Steuern zahlt' ich redlich,
Das war gut so bis Herr Schädlich
Neu in das Finanzamt kam
Und die Leitung übernahm.

Was beschieden mir seit Jahren
Ließ Herr Schädlich mich erfahren,
Wäre nicht in seinem Sinn,
Er säh einen Fehler drin.

Schließlich könnt ich im Vertrauen
Nicht auf die Behörden bauen,
Deshalb würd er sich nicht ziern,
Gleich noch einmal abkassiern.

Es ging um die Mehrwertsteuer
Auf's Entgelt, und das kommt teuer;
Hätten wir's Gehalt genannt,
Wär kein Streit darum entbrannt.

Für sechs Jahre nacherklären,
Wird verlangt, ich werd mich wehren,
Hab bestimmt erfüllt mein Soll
Und die Nase langsam voll.

Fehlt noch wie's die Richter sehen,
Ob sie hinter Schädlich stehen,
Dann sag ich nur, bitte sehr,
Gibt's von mir bald gar nichts mehr.

Werde hoffentlich zum Segen
Meinen Wohnsitz drum verlegen,
Zahl im Ausland auch derweil
Einen weit geringren Teil.

Wenn Millionen gehen hier flöten,
Ist Herr Schädlich nicht in Nöten,
Selbstverständlich hat den Schaden
Er nicht selber auszubaden.

Das Schädliche

Daß sein Handeln schädlich wäre,
Ginge gegen seine Ehre,
Ist die Meinung von Herrn Schädlich,
Denn er mühte sich stets redlich,

Nämlich Steuern einzutreiben,
Und wo würd der Staat wohl bleiben
Ohne Schädlich und Konsorten,
Die ihm dienen allerorten,

Mit dem Sinn Bürger zu schröpfen,
Fest verankert in den Köpfen;
Daß sie mit Vernunft sich quälen,
Darauf darf kein Bürger zählen,

Nein, es geht ja um Moneten,
Da hilft dann am besten Treten,
So verfuhrn die Obrigkeiten
Mit Erfolg zu allen Zeiten.

Doch inzwischen wurde schließlich
Manch ein Bürger recht verdrießlich,
Kehrte statt sich tief zu bücken
Diesem Rechtsstaat hier den Rücken.

Damit hat man die Misere,
Ob nun solche schädlich wäre,
Sie erübrigt sich die Frage
Angesichts der Haushaltslage.

Das Richterprivileg

Geht die Unabhängigkeit
Nicht ein kleines bißchen weit,
Wenn ein Richter bei uns meint,
Daß, ob er im Amt erscheint,

Dann wie lange und auch wann,
Er allein entscheiden kann?
Liest die Akten er zu Haus,
Kommt dabei weit mehr heraus

Sagt er, niemand schaut ihm zu,
So hätt er am meisten Ruh,
Und sein Urteil, oh wie nett,
Macht er sich vielleicht im Bett.

Allzu schwer wär doch der Weg
Ohne dieses Privileg;
Einen Richter rügt man nicht,
Er kennt selber seine Pflicht.

Er kann machen was er will,
Wir bezahlen und sind still,
Aber bitte, nur kein Neid,
Irgendwann ist es soweit,

Da geht keiner ins Büro,
Und man macht es ebenso
Wie der Richter, so gescheit,
Teilt sich selbst ein seine Zeit.

Der Schreibtischtäter

Die Umstände sind nicht gegeben,
Sonst könnte er ein Himmler sein;
Herr über Tod und über Leben,
Sadistisch-feig, zynisch-gemein.

Der Schreibtischtäter aus dem Recht,
Das ein Gewissen ihm ersetzt,
Eiskalter Paragraphenknecht,
Vernichtend seine Meute hetzt.

Die Umstände sind nicht gegeben,
Sonst wär sein Ende uns Gebot,
So aber wird er weiterleben
Als Schreibtischtäter, menschlich tot.

Die käufliche Ehrbarkeit

Wenn nur die Geschäfte laufen,
Kann man Ehrbarkeit sich kaufen;
Das Geschäft muß, so gesehen,
Stets an erster Stelle stehen.

Denn das Wohl, es wird gemessen
An den Wirtschaftsinteressen;
Mit der Ehrbarkeit hingegen
Kann man Wirtschaft nicht bewegen.

Heute heißt es vorwärtsschreiten,
Ehrbarkeit vergangner Zeiten
Gilt nicht, sollte man indessen
Deshalb besser ganz vergessen.

Ehrlich soll am längsten währen,
Überholt sind solche Lehren,
So darf man aus guten Gründen
Hier die Wahrheit nicht verkünden.

Darauf, man hat sonst verloren,
Sind die Richter eingeschworen,
Wenn sich Lug und Trug bewähren,
Hält der Richter sie in Ehren.

Die lachende Ordnung

Die Ordnung lacht mich wieder an,
Sie, die man für das Recht ersann,
Hat manchen schon in dunkler Nacht
Für immer ins KZ gebracht.

Heut ist es nur die Ordnungshaft
Mit der man Ruhe sich verschafft,
Zumindest wird damit gedroht,
Bist Du nicht obrigkeitsdevot,

Wird Ordnung wiederhergestellt
Im besten Fall mit Ordnungsgeld;
So wird die Wahrheit unterdrückt,
Wer sich nicht vor der Staatsmacht bückt

Und vor den Herren dieser Welt,
Wird zur Beruhigung kaltgestellt;
Der sehr getreue Rechtsanwalt
Denkt schon an die Verwahranstalt,

Denn, wer ihn kritisiert, den Schein,
Kann wirklich nicht ganz richtig sein,
Wenn man den Schein schön aufpoliert,
Dann läuft doch alles wie geschmiert.

Die Leitkultur

Für die deutsche Leitkultur
Bleibt ein müdes Lächeln nur;
Unsere Gegebenheiten
Wolln wir wirklich sie verbreiten?

Leitbild ist nicht Schopenhauer,
Sondern so ein Oberschlauer,
Der sich ausläßt in den netten,
Uns verbildenden Gazetten,

Die verlogen, im Obzönen
Ihren Leserkreis verwöhnen.
Auch die staatlichen Gewalten,
Die nicht ehrlich, frei gestalten,

Sich nicht mit der Wahrheit quälen,
Dürften schwerlich sich empfehlen;
Gleichfalls alle, die uns führen
Und Verantwortung nicht spüren;

So füll'n sich die größten Flaschen
Auch noch ungeniert die Taschen;
Um sich kulturell zu zeigen,
Wird verordnet dann das Schweigen.

Die Leidkultur

Wollt Ihr leiten oder leiden?
Noch könnt Ihr Euch frei entscheiden,
Leiten bedingt allgemein
Erst ein Vorbild selbst zu sein.

Oberflächlichkeit entsagen
Und Verantwortung zu tragen,
Offen, wachsam, auf der Hut,
Unverzagt mit frischem Mut

Sich den Widrigkeiten stellen,
Ungerechtigkeit erhellen,
Für die Freiheit hier im Land,
Als der Würde Unterpfand

Zuverlässig einzustehen,
Durch das Leben aufrecht gehen
Und dem Staat nicht blind vertraun,
Hinter die Kulissen schaun.

Auch im Staat den Hochmut dämpfen,
Gegen Willkür, Unrecht kämpfen,
Sonst verbleibt am Ende nur
Wieder mal die Leidkultur.

Die sogenannten Großen

Von den sogenannten Großen
Hat mich vor den Kopf gestoßen
Einer, das ist nun zu loben,
So mein Denken angeschoben.

Führte mir recht klar vor Augen,
Was denn solche Größen taugen,
Daß es heißt, auf Treibsand bauen,
Schenkt man ihnen sein Vertrauen.

Die im eitlen Glanz sich zeigen,
Schwadronieren statt zu schweigen,
Die vor Selbstbewußtsein strotzen,
Wenn sie mit dem Reichtum protzen.

Den, dank ihrer guten Gaben,
Sie im Überflusse haben,
So daß selbst die Staatsgewalten
Recht in ihrem Sinn gestalten.

Sollt, wo diese Größen thronen
Nicht der heilge Geist auch wohnen?
Es zeigt sich, daß mit den Scheinen,
Er sich durchaus läßt vereinen.

Die Stasispitzel

Zwanzigtausend Stasispitzel
Hatten wir in Westdeutschland,
Welch ein großer Nervenkitzel,
Namen wurden nicht genannt.

Ja, sie brauchten starke Nerven
Für Erkundung und Verrat,
Warum jetzt mit Steinen werfen,
Gut gemeint war ihre Tat.

Eine etwas andre Wende
Mehr in Richtung Ostdeutschland,
Dann rieb jeder sich die Hände,
Der den Spitzeln nahestand.

Hätten sie doch hohe Posten
Ihres Heldentums zum Dank,
Was sie uns dagegen kosten,
Bleibt geheim im Aktenschrank.

So muß mancher sich nun bücken
Vor den Spitzeln, höchst devot,
Fieln uns damals in den Rücken,
Wüßt er das, säh er wohl rot.

Die Vorschriften

Müßt Ihr denn, was vorgeschrieben,
Immer gleich von Herzen lieben?
Statt in Eurem Kopf, dem trägen,
Es noch einmal abzuwägen.

Warum wollt Ihr Euch versagen,
Selbst Verantwortung zu tragen,
Vorschriften und auch Gesetze
Sind doch keine Ruheplätze,

Wie ein Freibrief, um das Denken
Abzunehmen, einzuschränken;
Bitter könnte sich das rächen,
Vergeßt niemals die Verbrechen,

Die als Unrecht auf Verlangen,
Festgeschrieben und begangen;
Und so muß zu allen Zeiten
Das Gewissen Euch stets leiten.

Ihm allein seid Ihr verpflichtet,
Wird nach höchstem Maß gerichtet,
Kann es keinem etwas nützen,
Sich auf Vorschriften zu stützen.

Deutsche Geschichte

Wer hoch raus will, der braucht Nerven,
Sollt erstmal mit Steinen werfen,
Denn ein wirklich großer Mann
Fängt ganz klein von unten an.

Unser Joschka als Minister
So beliebt, jawohl das ist er,
Gibt ein gutes Beispiel hier,
Wurd vom Nichts zum hohen Tier.

Doch ein andrer, nicht der Bohlen,
Hat ihm noch die Show gestohlen,
Unser Gerhard war Marxist,
Was man allzu gern vergißt.

Steht als Kanzler nun ganz oben,
Und der Joschka muß ihn loben,
Weil er ohne ihn, weiß er,
Niemals ein Minister wär.

Die Geschichte, ich muß passen,
Ist in Deutschland kaum zu fassen,
Ich denk, wie es weitergeht,
Daß dies in den Sternen steht.

Evchens Tod

Evchen wäre noch am Leben
Würd's die Todesstrafe geben,
Und der Kindermörder wär
Endgültig aus dem Verkehr.

Doch davor stand das Gewissen
Mit dem sanften Ruhekissen,
Das gemeine Mörder schützt,
Aber Kindern wenig nützt.

Das Gewissen kann gut schlafen,
Wollte mit dem Tod nicht strafen,
Ruht, das kam dabei heraus,
Sich auf Evchens Tod jetzt aus.

Fischer im Trüben

Fehln im Land die Kriminellen
Wurd gedacht an höchsten Stellen,
Ist das Quantum aufzufrischen,
Derer, die im Trüben fischen.

Und so wurd deshalb empfohlen,
Aus dem Ausland sie zu holen;
Eine wirklich gute Quelle
War dafür die Visastelle.

Ohne Prüfung einzureisen
Sollt als wirksam sich erweisen,
Und es füllten sich die Taschen
Der Beamten, denn es waschen

Hände sich in solchen Fällen
Grade bei den Kriminellen;
Wie erfolgreich sie hier waren,
Zeigte sich nach ein paar Jahren.

Es gelang, welch gutes Zeichen,
Einen Höchststand zu erreichen
Bei Verbrechen, keine Schwäche,
Und der Bürger zahlt die Zeche.

Fragwürdige Juristen

In Bezug auf die Juristen
Hätt ich manche aufzulisten,
Wo man fragt, in welchem Rahmen
Machten die bloß ihr Examen.

Zur Genüge konnt ich sichten
Solche Herrn bei den Gerichten,
Die auf unsrer Bürger Kosten
Sitzen fest auf ihren Posten.

Ebenso auch Advokaten,
Die durchaus das Recht verraten,
Können sie sich drauf verlassen,
Daß sich so fülln ihre Kassen.

Nun zurück zu meiner Frage:
Ich lieg richtig, wenn ich sage,
Zur Verbesserung der Quoten
Züchtet man die Fachidioten.

Für den aufrechten Gang

Was heute zählt, das sind die Massen,
Wenn es nicht klingelt in den Kassen,
Dann sollt man, um es kurz zu fassen,
Besser die Finger davon lassen.

Weshalb vom König die Geschichten?
Da magst Du schreiben oder dichten,
Man sagte mir, das liest doch keiner,
Von mehr als hundert vielleicht einer.

Nun, ist der eine Mensch mir wichtig,
Dann lieg ich in der Sache richtig;
Wer konnte Dir in Deinem Leben,
In reiner Absicht etwas geben?

Von vielen vielleicht auch nur einer,
Bei manchem sicher sogar keiner;
So wird, es reicht wohl zum Vergnügen,
Uns weniges auch schon genügen.

Wenn wir nur etwas so erreichen,
So freuen wir uns ohnegleichen,
Und können vor uns selbst bestehen,
In Zukunft weiter aufrecht gehen.

Goethe heute

Lebte unser Goethe heute,
Wie der Gute sich wohl freute,
Er, der es abscheulich fand,
Herrschte Unordnung im Land.

Könnt er unsre Ordnung sehen,
Würd die Welt er nicht verstehen,
Dächte wohl, ihn trät ein Pferd,
Läg damit nicht so verkehrt.

Wollt er seine Schritte lenken
Auf dem Gehweg, um zu denken,
Führ' in üblicher Manier
Ihn ein Rad an zum Pläsier.

Nichts wär mit des Dichters Träumen,
Man könnt grad sein Haus ausräumen,
Registriert wird nur die Zahl,
Denn der Diebstahl ist normal.

Wahrheit will man hier vertuschen,
Und die Bürger sollen kuschen,
Recht wird auf den Kopf gestellt,
Weil man das für Ordnung hält.

Und ein Vorbild sollten geben
Durch ihr beispielhaftes Leben
Jene, die regiern das Land,
Hat die Ordnung dort Bestand?

Für die Ehe das Versprechen
Ist nichts wert, läßt sich leicht brechen,
Egoisten weit und breit
Ohne Treu und Redlichkeit.

Könnte Goethe all das sehen,
Würd er sich im Grab umdrehen,
Und er blieb, mit einem Wort,
Ordnungshalber lieber dort.

Staatsverdrossenheit

Ob grün, ob gelb; ob schwarz, ob rot,
Der Staat, er fiel aus seinem Lot;
Er hat sich mächtig aufgebläht
Und bläht und bläht bis nichts mehr geht.

Ob grün, ob gelb; ob schwarz ob rot,
Für sich wolln sie das Zuckerbrot;
Der Bürger, hat er eine Wahl?
Zumindest wird sie ihm zur Qual.

Ob grün, ob gelb; ob schwarz ob rot,
Sie sitzen warm im Rettungsboot,
Und lähmen unsre Volkswirtschaft,
Entziehen ihr die letzte Kraft.

Ob grün, ob gelb; ob schwarz ob rot,
Sie bringen unser Land in Not;
Das Schiff es sinkt und viele gehn,
Weil sie hier keine Zukunft sehn.

Ob grün, ob gelb; ob schwarz ob rot,
Es fehlt nur braun, dann kommt der Tod;
Man sagt, so ist des Lebens Lauf,
Es geht mal runter und mal rauf.

Die Staatsdiener

So ist das im heut'gen Leben,
Mußt dem Staat die Hälfte geben,
Ja, die halbe Arbeitszeit
Hältst Du für den Staat bereit.

Dafür soll er Dich beschützen,
Dir in vielen Dingen nützen,
Hat für Dich auch stets parat,
Den Behördenapparat,

Wo für Dich zu allen Zeiten
Mitarbeiter kämpfen, streiten,
Um zu nehmen Dir die Last,
Damit Du es besser hast.

Die dort fleißig wie die Bienen,
Unermüdlich Bürgern dienen,
Und bei so viel edlem Sinn
Gäb man gern die Hälfte hin,

Wenn da nicht auch jene wären,
Die uns knebeln und belehren,
Die sich aufführn wie die Herrn
Und das Leben uns erschwern.

Schlaf Deutschland schlaf!

Schlaf Deutschland, schlaf,
Der Bürger ist so brav,
Der Staat macht seine Taschen leer,
Hat nie genug, will immer mehr.

Schlaf Deutschland, schlaf,
Der Bürger ist so brav.

Die Bürger schuften vierzig Jahr
Für ihre Rente, zahln in bar,
Der Staat wirfts Geld zum Fenster raus,
Ist arm wie eine Kirchenmaus.

Schlaf Deutschland, schlaf,
Der Bürger ist so brav.

Möcht er im Alter was zurück,
Heißt es, das wär gestohlnes Glück,
Das Geld ist weg, so daß zum Schluß,
Die Jugend für ihn zahlen muß.

Schlaf Deutschland, schlaf,
Der Bürger ist so brav.

Und wer verschwendet hat das Geld,
Um den ists bestens dann bestellt,
Denn er bekommt dafür zum Lohn,
Vom Staat die dicke Pension.

Schlaf Deutschland, schlaf,
Der Bürger ist so brav.

Auch in der Wirtschaft geht es rund,
Wer oben ist, stößt sich gesund,
Dem, der versagt, na bitte sehr,
Wirft man Millionen hinterher.

Schlaf Deutschland, schlaf,
Der Bürger ist so brav.

Gewerkschaften haun auf den Putz,
Das Liebste ist der Eigennutz,
Die Funktionäre sahnen ab,
Das überall und nicht zu knapp.

Schlaf Deutschland, schlaf,
Der Bürger ist ein Schaf.

Schluß mit der Plünderei!

Daß wir noch im Wohlstand leben,
Danken wir der Marktwirtschaft;
Sie bewirkt im freien Streben
Aller diese Wirtschaftskraft.

Wenn sie der Moral verpflichtet,
Bringt sie jedermann Gewinn,
Wettbewerblich ausgerichtet,
Im Gemeinwohl liegt der Sinn.

Deshalb sollte man auch bauen
Nur auf solche Führungskraft,
Die der Wirtschaft bringt Vertrauen,
Ethisch reine Normen schafft.

Doch in diesem Sinn fehlt heute
Leider jegliche Kultur;
Dafür Gier und fette Beute
Grenzenlos rund um die Uhr.

Aufsichtsräte, Vorstandsflaschen
Plündern Unternehmen aus,
Füll'n sich ungeniert die Taschen
Und gehn frohgelaunt nach Haus.

Selbst bei angesehnen Banken,
Da Profit so reichlich lockt,
Fall'n moralisch alle Schranken,
Werden Kunden abgezockt.

Es ist höchste Zeit zur Wende,
Stellt die Gauner vor Gericht,
Macht der Plünderei ein Ende,
Volksbetrug der lohnt sich nicht.

Staatsbankrott

Unser Staat scheint mir marode,
Und er wurd es mit Methode,
Denn es wuchs und wuchs sein Bauch,
Gleichwohl die Verschuldung auch.

Nein, der Staat er will nicht sparen,
Sondern erster Klasse fahren,
Wer nicht haftet und ihn lenkt,
Immer an sich selbst erst denkt.

Wie verlockend, den bequemen
Einfach, leichten Weg zu nehmen,
Stellte, war man sich zu fein,
Lieber Gastarbeiter ein.

Waren auch bestimmt von Nutzen,
Lassen sich die Schuh heut putzen,
Kamen sie durch Fleiß hinauf,
Nun, so ist des Lebens Lauf.

Fleiß und Tugend, oh mitnichten,
Längst veraltete Geschichten;
An der Spitze Vorbild sein,
Wem fällt so etwas noch ein?

Alte Menschen, die verzagen,
Sich nicht auf die Straße wagen,
Das ist unsre Wirklichkeit,
Polizei steht nicht bereit;

Sieht man fleißig nur beim Schreiben,
Um Gebühren einzutreiben,
Raub und Einbruch an der Zahl
Ist der Alltag, ganz normal.

Die Gerichte unterdessen
Kann man besser auch vergessen,
Und wer weiß, was sich dort tut,
Schluckt herunter seine Wut.

Wie soll das noch weitergehen,
Kann ein solcher Staat bestehen,
Der nichts leistet, der nur frißt
Bis das Land hier pleite ist?

Mir hallts heut noch in den Ohren,
Alles haben wir verloren,
Jetzt zum zweiten Male schon,
Wieder durch die Inflation.

Sich für das Finanzamt placken?
Es beginnt das Kofferpacken,
Und damit ein weitrer Schwund,
Denn den letzten beißt der Hund.

Staat mit Format

Leider, es ist nicht zum Lachen,
Doch es ist kein Staat zu machen
Mit dem Staat, wie er sich zeigt,
Falsch wärs, wenn man das verschweigt.

Schaut nur in den Parlamenten
Das Gezerre um die Renten,
Weil der Staat als Kassenwart
Als es gut ging nicht gespart.

Das Geschacher um die Posten,
Keine Rolle spieln die Kosten,
War man jemals auf Diät,
Wenn es um Diäten geht?

Der Gerichtsbarkeit Versagen
Mehrt des Volkes Unbehagen;
Auf Gerichte sollt man schaun
Mit Respekt und voll Vertraun;

Was ich konnte hier berichten,
Ist ein Auszug der Geschichten,
Die das Volk nicht fassen kann,
Kommt es darauf gar nicht an?

Die ausführenden Gewalten
Solln die Ordnung uns erhalten;
Wenn man Hab und Gut verliert,
Wird das nur noch registriert.

Und die größeren Verbrechen,
Davon mag man nicht mehr sprechen,
So wünscht man sich einen Staat
Mit erheblich mehr Format.

Treu und Redlichkeit

Üb immer Treu und Redlichkeit,
Ein Spruch aus längst vergangner Zeit;
Mit ihm hielt man den kleinen Mann
Seit jeher gern zur Arbeit an.

Das gleiche gilt für's Steuerzahlen,
Damit des Staates Mühlen mahlen,
Möcht man auf Ehre und Gewissen
Nicht einen einz'gen Euro missen.

Ganz anders in der Führungsspitze,
Da macht man gerne seine Witze,
Die Redlichkeit, sie kommt von reden,
Gilt selbstverständlich nicht für jeden.

Nur jene, die schön reden können,
Dürfen sich wirklich etwas gönnen,
Sie finden immer neue Bahnen,
Um nochmal kräftig abzusahnen.

Wenn sie von Redlichkeit nichts spüren,
Fragt sich, wohin wird das noch führen,
Wie lange geht das gut, wie lange?
So manchem wird schon angst und bange.

Professor Schmäh

Endlich wurd ich anerkannt
Und im deutschen Bundesland,
Wo schon meine Hoffnung schwand,
Zum Professor Schmäh ernannt.

Somit darf ich aufrechtstehn,
Lüge und Verleumdung schmähn,
Wahrheit, das ist nicht verkehrt,
Bekommt einen Stellenwert.

Jetzt müßt man noch Richter sehn,
Die bei mir zur Schulung gehn,
Mit dem Fach, das wäre Pflicht:
Richter scheut die Wahrheit nicht.

Denn ein Rechtsstaat, seht das ein,
Kann in Wahrheit nur gedeihn,
Nicht mit Richtern, wenn sie blind
Bei der Wahrheitsfindung sind.

Wenn Euch jetzt der Mut vergeht,
Aus der Angst, daß man Euch schmäht,
Schaut Euch, das wär gar nicht dumm,
Nach 'ner andren Arbeit um.

Schmähkosten

Es ging um den Professor Schmäh,
Genauer um den neuen Posten;
Der Bürgermeister rief, oh weh,
Was soll uns der nun wieder kosten?

Wenn man die Filmemacher kennt,
Ist seine Sorge zu verstehen,
Die wollen nämlich pro Student
Gleich hunderttausend Euro sehen,

Doch weil der Schmäh im Land tut not,
Das Unrecht soll sich nicht ausweiten,
Wolln wir ein Sonderangebot
Dem Bürgermeister unterbreiten.

Wir nehmen einen Euro bar,
Und den kann der Student auch spenden,
Dem Bürgermeister nur und zwar
Mit dem Vermerk, zu treuen Händen.

So kommt zusammen mit der Zeit,
Das ist doch schön, ein ganzer Haufen,
Und endlich steht das Geld bereit,
Der Uni Stühle neu zu kaufen.

Die Zeitungswelt

Wurde nicht die Zeitungswelt
Förmlich auf den Kopf gestellt?
Schien mir einst seriös ein Blatt,
Hab ich es heut gründlich satt;

Würd verehrn den Heilgenschein
Sicher auch noch einem Schwein,
Wenn es ihnen nützlich ist,
Schreiben Blätter jeden Mist.

Wie bekommt man Seiten voll,
Wenn man Anstand wahren soll?
Das ist wohl ein Argument,
Wenn man sich dazu bekennt,

Doch die Wahrheit fürchtet man,
Weil sie vielleicht schaden kann;
An die Lügen, gut geschönt,
Hat der Leser sich gewöhnt.

Eine Zeitungshochkultur
Bleibt in der Erinnrung nur,
Und nach unten den Verlauf,
Fragt sich, wer hält den noch auf.

Advokat und Vertreter des Rechtes

Advokat verhalt Dich leise,
Bist bedauerlicherweise
Mit dem, was Du hast verbraten,
Selbst ins Rutschen nun geraten.

Würdest Du des öftren schweigen,
Nicht Dein Unvermögen zeigen,
Dürftest Du weit besser fahren,
Peinlichkeiten Dir ersparen.

Aber nein, Du willst stattdessen
Dich mit großen Geistern messen,
Zählst jedoch nur zu den Pfeifen,
Die vom Recht nicht viel begreifen.

Deshalb können wir nur hoffen,
Diese Frage bleibt noch offen,
Ob Du jemals hier auf Erden
Wirst ein Rechtsvertreter werden.

Ein heißes Eisen

Hier auf Mißstand hinzuweisen,
Zeigt sich, ist ein heißes Eisen;
Da dies offenbar bekannt,
Ändert sich auch nichts im Land.

Sich die Finger dran verbrennen,
Könnte man auch Dummheit nennen;
Wer will schon am Schluß allein,
Noch dazu der Dumme sein?

Gegen Mächt'ge aufbegehren,
Um das Unrecht abzuwehren,
Was nützt das, wenn Richter blind,
Hoher Herren Diener sind?

Uns mit Deutlichkeit aufzeigen,
Daß es besser ist zu schweigen,
Weil man sonst die Ordnung schafft
Mittels Ordnungsgeld und Haft.

Es nützt nichts, sich aufzureiben,
Alles muß beim alten bleiben,
Was der Bürger wissen sollt:
Red nicht! Schweigen, das ist Gold!

Richter zum TÜV

Schickt die Richter hin zum TÜV,
Damit man sie überprüf,
Denn es scheint, zu viele sind
Schlichtweg paragraphenblind.

Eine Krankheit hier im Land
Noch nicht ausreichend bekannt,
Dabei wächst von Jahr zu Jahr
Gleichsam mit ihr die Gefahr.

Richter, die die Blindheit schlägt,
Sind im Geiste lahmgelegt,
Und man weiß doch, was es heißt,
Wenn ein Hohlkopf ohne Geist

Im Staat an der Spitze steht,
Wie es dann schnell abwärts geht;
Wird in einer ganzen Zunft
Übermächtig Unvernunft,

Gar in der Gerichtsbarkeit,
Ist es dringend an der Zeit,
Daß der TÜV ganz konsequent
Hier die Spreu vom Weizen trennt.

Sokrates heute

Vor mehr als zweitausend Jahren
Hat schon Sokrates erfahren,
Wenn die Wahrheit nicht gefällt,
Wird man einfach kaltgestellt.

Und auch heut wär er in Nöten,
Zwar würd man ihn nicht gleich töten,
Doch tät er die Wahrheit kund,
Stopfte man ihm auch den Mund.

Damit jetzt der Wahrheit Quellen
Nicht mehr sprudeln und erhellen,
Zahlt, wer nicht das Maul hält,
Ans Gericht ein Ordnungsgeld.

So wie vor zweitausend Jahren
Will man eine Ordnung wahren
Gründend sich auf falschem Schein
Und verachtend wahres Sein.

Wer sich nicht darein will fügen
In das Netzwerk solcher Lügen,
Der wird aus dem Weg geschafft,
Allerdings durch Ordnungshaft.

Treue Genossen

Als bei westdeutschen Genossen
Keine Träne ist geflossen
Für den hochverehrten Mann,
Bot ich eine Wohnung an.

Ihn im Regen stehn zu lassen,
Vom Gefühl her schwer zu fassen,
Wenn man ihn und was er tat
Vorher so bewundert hat.

Hätte er erkannt die Zeichen,
Rechtzeitig gestellt die Weichen,
Hätte man um Krenz ergänzt,
Beide sicher hier bekränzt.

Er wär Präsident geworden,
Reich behängt mit schönen Orden,
Doch so ist des Lebens Lauf,
Bist Du unten, tritt man drauf.

Einst von Honecker besessen,
Haben Freunde ihn vergessen,
Doch sein Geist, wir werden sehn,
Könnte wieder auferstehn.

110

Die Tränen

Hier 'ne Träne, dort 'ne Träne,
Mal 'ne große, mal 'ne kleene,
In der Politik nicht gut,
Doch verliern wir nicht den Mut.

Auch wenn wir nach all den Tränen
Uns mal nach was bessrem sehnen,
Immer wieder überstand
Sie am Ende unser Land.

Und solang sich dort die Träne
Nicht grad auswächst zur Fontaine,
Wird im weiteren Geschehn
Es gewiß nicht untergehn.

Die Marktwirtschaft

Wenn sie nicht in Zwang gehalten,
Sich kann völlig frei entfalten,
Ist stark wie die Marktwirtschaft
Keine andre Wirtschaftskraft.

Wird dem Volke Wohlstand schenken,
Wenn sie Unternehmer lenken,
Die im Eigennutz nicht blind,
Darauf ausgerichtet sind

Redlich und frei von Allüren
Menschen im Betrieb zu führen;
Die drum gern mit ihnen gehn,
Deshalb hinter ihnen stehn.

Doch wenn von den Führungsleuten
Viele das System ausbeuten
Und zur Leistung ganz konträr
Für sich nehmen mehr und mehr

Sind sie bald nicht Brötchengeber,
Dafür aber Totengräber
Des Systems, das wohldurchdacht
Uns den Wohlstand einst gebracht.

Mißwirtschaft

Gutgeführte Unternehmen
Sorgen für die Zukunft vor;
Stets bereit sich zu bezähmen,
Geld verschwendet nur ein Tor.

Legen so in guten Zeiten
Wie's gebührt Reserven an;
Stehn nicht da bei Widrigkeiten
Hilflos wie ein armer Mann.

Unser größtes Unternehmen
Sollte dafür Vorbild sein,
Nimmt den Weg, stets den bequemen,
Fährt beständig Schulden ein.

Ja, der Staat mit seinen Leuten,
Die nicht ernstlich in der Haft,
Können das System ausbeuten,
Schwächen so die Volkswirtschaft.

Wurde zu stark überzogen,
Sind die Kassen völlig leer,
Zeigt sich, vorher wurd gelogen,
Muß die Zusatzsteuer her.

Und es lockt, macht so begehrlich,
Reichtum in privater Hand;
Weiß, wer mitdenkt, unentbehrlich
Für die Wohlfahrt hier im Land.

Schließlich lebst Du von Erträgen,
Frißt nicht Dein Vermögen auf,
Statt dies sinnvoll abzuwägen,
Läßt der Gier man freien Lauf.

Was ist mit Vermögensmassen,
Die durch Ansprüche entstehn?
Ungeschoren sie zu lassen,
Wäre gar nicht einzusehn.

Riesenwerte zum Behagen,
Für Minister zum Verzehr,
Die doch keine Früchte tragen,
Zu besteuern wär nur fair.

Außerdem gäb es ein Zeichen,
Wenn der Kopf der Mißwirtschaft,
Stellte positiv die Weichen,
Auch mal einen Ausgleich schafft.

Die Bremser

Es war schon ein Phänomen,
Jahr für Jahr mitanzusehn,
Wie die Wirtschaft konnt verkraften
Bürokratenseilschaften,

Die als Bremser in Gestalt,
Es gut zu ernähren galt;
Die sich reichlich Früchte pflückten,
Trotzdem ihr die Luft abdrückten.

So zeigte uns musterhaft
Daher auch die Planwirtschaft,
Wie die Wirtschaft streicht die Fahnen,
Wenn die Bürokraten planen.

Und mit einem Wasserkopf
Wird man schnell zum armen Tropf;
Deshalb auch die roten Zahlen,
Kommt's zum Wettstreit im Globalen.

Die Bequemlichkeit, der Speck
Müssen einfach wieder weg;
Wenn wir dabei Zeit verschwenden,
Stehn wir da mit leeren Händen.

Bürokraten

Wenn man sieht, was Bürokraten
Hier im Lande so verbraten,
Was dem Bürger sie aufbürden,
Seinen Weg verbaun mit Hürden,

Müßt man eine Lösung finden,
Um dies Tun zu unterbinden;
Angenehm und sehr bequem
Wäre da ein Punktsystem.

Je ein Punkt kürzt die Pension,
Ein Prozent, das reichte schon,
Für ein jedes Fehlverhalten
Um das Land neu zu gestalten.

Es würd einen Aufschwung geben
Für mehr Qualität im Leben,
Bald gäb's nur noch Bürokraten,
Hilfsbereit und wohlgeraten,

Stets im Auge ihren Lohn
Einer vollen Pension,
Und sie würden statt zu dösen
Das Problem gleich selber lösen.

Wirtschaftskapitäne

Eins der besten Unternehmen,
Da kann man sich wirklich schämen,
Wie er unterging sein Stern,
Unter Leitung eines Herrn,

Dem mit Brechen und mit Biegen
Sollt die Welt zu Füßen liegen,
Der verspielt' im Größenwahn
Werte, wie ein Scharlatan,

Und, wie kann es überraschen,
Füllt sich selbst mit Geld die Taschen,
Ist sich dafür nicht zu fein,
Steht damit auch nicht allein.

Solche Wirtschaftskapitäne
Fahren noch die größten Kähne;
Wär die Wirtschaft heut im Lot,
Säßen sie im Ruderboot,

Müßten rudern für den Schaden,
Hätten ihn selbst auszubaden,
Doch sie werden, wie gewohnt,
Obendrein auch noch belohnt.

Herr Smart

Ich wünsch allen gute Fahrt
Rief begeistert der Herr Smart
Und fuhr smart und immer schneller
Seine Firma in den Keller,

Die ihm selbst zwar nicht gehörte,
Was ihn aber gar nicht störte,
Nein, sogar im Gegenteil,
Ja genau, grad deshalb weil

Es für ihn sich sollte lohnen,
Er wollt nicht im Keller wohnen,
Nahm sich cool, das heißt auch kalt,
Drum ein fürstliches Gehalt.

Smarte mit den klugen Köpfen
Müssen ihre Firmen schröpfen,
Ist die Ansicht von Herrn Smart,
Dafür arbeiten sie hart.

Die Renten

Der Glaube in vergangner Zeit,
Daß unser Staat übt Redlichkeit
Und sich der Treue hätt verschworen,
Er ging seit langem schon verloren.

Zahl in die Rentenkasse ein,
So magst Du ganz beruhigt sein,
Sollst Dich dann auch an unsren Gaben
Wenn Du mal alt bist herrlich laben.

Man zahlte vierzig Jahre dort,
Der Vater Staat war ja im Wort
Und würd, so dacht man, sein Versprechen,
Das schien gewiß, auch niemals brechen.

Doch irgendwann im Zeitenlauf
Da kamen erste Zweifel auf,
Der Staat gab aus mit vollen Händen,
Gefiel sich selbst im Geldverschwenden.

Hat sich jedoch ganz unverblümt
Noch obendrein damit gerühmt,
Daß trotz der Kassen, seiner leeren,
Die Renten völlig sicher wären.

Heut hat er eine andre Sicht,
Renten falln zu stark ins Gewicht,
Manch einer würd sich drum nicht zieren,
Sie einfach kurzerhand halbieren.

Das beste allerdings nun wär,
Es gäbe keine Rentner mehr,
Doch dieses darf man höchstens denken,
Man will die Rentner ja nicht kränken.

Warum in die Ferne schweifen?

Hamburgs große Bilderzeitung,
Glanzstück unserer Kultur,
Gut für die Bewußtseinsweitung,
Hört, was heute man erfuhr:

Was haben wir angerichtet?
Der Komet schießt jetzt zurück,
Eine Wolke wurd gesichtet,
Voll mit Gift, bringt uns kein Glück.

Warum in die Ferne schweifen?
Frag ich diese Zeitung da,
Nach den fernen Sternen greifen,
Wo das Schlechte liegt so nah.

Was ist mit den K.-Bazillen,
Hier in unsrer schönen Stadt?
Lähmen freiheitlichen Willen,
Doch ihr überseht das glatt.

Oder mögt Ihr die Bazillen,
Seht Ihr darin einen Sinn,
Darf man schlucken gift'ge Pillen,
Wenn Sie bringen Euch Gewinn?

Stolz auf's Land?

Bist Du stolz auf unser Land?
Kaum, hab ich darauf bekannt;
Bei dem Gegenwartsbefund
Gibt es dafür keinen Grund.

Angebracht wär eher Scham,
Schau Dich um, wie man infam,
Nur auf's eigne Wohl bedacht,
Absahnt, ausnutzt seine Macht.

Doch die Wahrheit, das ist Pflicht,
Wird verschleiert, sagt man nicht,
Sie könnt, und das darf nicht sein,
Zeigen den verlognen Schein.

Deshalb aber haben wir
Staatsanwälte, Richter hier,
Damit Ordnung wird geschafft,
Notfalls auch mit Ordnungshaft.

Sie beschützen allzu gern
In dem Land die hohen Herrn,
Ich sah, wie sie ungeniert
Ihnen ins Gesäß marschiert.

Du bist Deutschland

Du bist Deutschland, das klingt fein,
Wem fiel dieser Spruch wohl ein?
Der könnt aus der Wirtschaft sein,
Vom Interessenzweckverein;

Denn solang Du ihnen nutzt,
Wird der Schein herausgeputzt,
Daß Du was Besondres bist,
Was man aber schnell vergißt.

Wenn Du ihnen nicht mehr paßt,
Wirst Du unsanft angefaßt,
Es gibt einen kräftgen Tritt,
Auch die Obrigkeit tritt mit.

Deutschland hin und Deutschland her,
Braucht man Dich einmal nicht mehr,
Wie kannst Du da Deutschland sein,
Bild Dir so was bloß nicht ein.

Und die Führer, gar nicht neu,
Sind dann nur sich selber treu;
Wenn Sie Vorteil für sich sehn,
Darfst Du gern für Deutschland stehn.

Ein Gesicht für Deutschland

Deutschland, gebt ihm ein Gesicht,
Doch von Falschheit eines nicht;
Davon gibt's bereits zu viele,
Wolln wir ehrenvolle Ziele,

Muß es dafür edel, rein,
Glaubwürdig, wahrhaftig sein;
Ein Gesicht, in das wir schauen
Voller Zuversicht, Vertrauen,

Das den Alltag uns erhellt,
Sich nicht maskenhaft verstellt,
So daß hinterm schönen Scheine
Nistet ein sich das Gemeine.

Wo die staatliche Gewalt
Handelt rücksichtslos und kalt,
Und im Spiegel der Interessen
Redlichkeit wird ganz vergessen.

Deutschland, das verdienst du nicht,
Ein Gesicht umkränzt vom Licht
Liegt noch in so weiter Ferne,
Säh ich doch noch einmal gerne.

Armes Deutschland

Rechtsstaat wird leicht übertrieben
Oftmals hier zu groß geschrieben;
Wär's so, daß der Wurm zuweilen
Säß in seinen Einzelteilen

Müßt man damit einfach leben,
Das läßt sich nie ganz beheben,
Doch an allzu vielen Plätzen
Sollte er sich nicht festsetzen.

Das genau nun ist es eben,
Was ich glaubte zu erleben,
Und nach allem würd gelassen
Ich es so zusammenfassen:

Man kann's drehen, man kann's wenden,
Recht, es liegt in schlechten Händen,
Da kann ich nur, statt zu klagen,
Oh du »armes Deutschland« sagen.

Die Bücklinge

Aufrechtstehn hat seine Tücken,
Und so wird es kaum beglücken,
Wenn ein sträfliches Vergehen
Unsre Richter darin sehen,

Daß man mit gekrümmtem Rücken
Sich nicht will vor ihnen bücken,
Weil die Krümmung alter Schule,
Neunzig Grad, reißt nicht vom Stuhle.

Lehren der Geschichte zeigen,
Falsch ist's, Wahrheit zu verschweigen,
Auch wenn die, die oben stehen,
Das schon wieder anders sehen.

Besser aus der Reihe tanzen,
Als die alte Saat neu pflanzen;
Wenn sich allzuviele bücken,
Geht zuletzt der Staat an Krücken.

Die kranken Kassen

Was zum Teil die Krankenkassen
Sich so leisten, nicht zu fassen,
Es scheint, nur im Selbstverwalten
Wollen sie die Spitze halten.

Deshalb mit Gehältern prassen
Und die Kranken sitzen lassen,
Auf den Kosten, zahln den Schaden
Für den Selbstbedienungsladen.

Für die eignen Interessen
Lassen sie das Wohl vergessen
Derer, die auf sie einst bauten,
Ihren Kassen voll vertrauten.

Was wir lesen, was wir hören
Muß die Beitragszahler stören,
Wenn dort Herrn die Kassen säubern,
Grad so wie bei Schillers Räubern.

Sind die Kassen derart offen,
Sollte man für sie nur hoffen,
Daß die Bürger statt zu schlafen,
Mit der roten Karte strafen.

Kassieren ja, Verantwortung nein

Heut wolln wir der HASPA danken,
Denn auch sie zählt zu den Banken.
Die mit großer Leidenschaft
Setzen ein die ganze Kraft,

Um sich selbst etwas zu leisten,
Eben wie die allermeisten,
Und ein Beispiel geben wir
Gerne für die HASPA hier.

Seit nun mehr als vierzig Jahren
Ist sie mit uns gut gefahren,
Weil sie Zinsen, die sie nahm.
Stets zur rechten Zeit bekam.

Jetzt, wo frische Winde wehen,
Ließ sie uns im Regen stehen,
Und daraus die Konsequenz
War für uns die Insolvenz.

So sollt es nicht noch mal laufen,
Deshalb mußten wir verkaufen,
Und der HASPA Meisterstück,
Sie wollt nun kein Geld zurück.

Denn sie konnt ja nichts verlieren,
Aber weiter abkassieren;
So machen die Banken krank,
Trotzdem HASPA vielen Dank!

Zum Weinen

Kinder sind in größter Not,
Schon vor Augen ihren Tod,
Sie die leidgeprüften Kleinen
Bringen jedes Herz zum weinen.

Und es scheint, den Staatshaushalt
Läßt das durchaus ziemlich kalt;
Sollt die Stadt nicht alles geben
Was erhellt ihr kurzes Leben?

Doch stattdessen baut die Stadt,
Die es ja so reichlich hat,
Für einhundert Millionen,
Damit Kinder schöner wohnen?

Nein, aus ihrem Schuldentopf,
Überflüssig wie ein Kropf,
Schlicht, einen Museumskasten,
Um die Nachwelt zu belasten.

Unser Jungfernstieg, schaut her,
War so schön, das reicht nicht mehr;
Man schmeißt raus mit vollen Händen,
Reichlich fließen auch die Spenden.

Wär es da nicht angebracht,
Hätt die Kinder man bedacht,
Ihnen eine Zukunft schenken,
Hieß, den Geldstrom sinnvoll lenken.

Ruhm und Ehre

Klug bemerkt: Gewöhnlich wäre
Ruhm zugleich das Grab der Ehre
Doch die Ehre selten nur
Weg zum Ruhm, wie er fortfuhr,

Einer unsrer großen Dichter,
Er entzündete die Lichter,
Die erhelln das wahre Sein,
Zeigen uns den falschen Schein.

Wer den Weg nach oben findet
Und den Ruhm mit Macht verbindet,
Ist es dann, der Ehre gibt
Wie's ihm nützt, wie's ihm beliebt.

Fehlt nur noch, daß der Famose
Glänzt in einer Symbiose
Zwischen Geld und heilgem Geist,
Und im Land die Richtung weist.

Macht die Obrigkeit zu Dienern,
Die ihm seine Schuhe wienern,
Schafft als schlimmstes Privileg
Die Vernunft sich aus dem Weg.

Damit Verantwortlichkeiten,
Die ihm Ungemach bereiten,
Letztlich steht die Freiheit hier
Wieder nur auf dem Papier.

Für wen ich singe*

Lessing sang nicht für Euch, Ihr Richter;
Er meinte wohl, es lohne nicht,
Nun bin ich allerdings kein Dichter,
Doch hab ich eine andre Sicht.

Ich sing für Euch und die Kollegen
In allen Tönen, runter rauf,
Ein Hoch auf Euch, Ihr Rechtsstrategen,
Ich geb die Hoffnung noch nicht auf.

Ich singe um zu überzeugen,
Es möge siegen die Vernunft,
Kein Richter soll das Recht mehr beugen,
Und das gilt für die ganze Zunft.

Die Advokaten, Staatsanwälte,
Da gibt es riesigen Bedarf,
Schluß sei mit Hochmut und mit Kälte,
Und nur die Henker richten scharf.

Wär meinem Tun vergönnt Gelingen,
So daß sich ändert was im Land,
Ich würd nur für die Liebste singen,
Darauf heb ich zum Schwur die Hand.

* Lessings Werke, »Dichtungen-Briefe« Band I, Seite 74

Ein karges Feld

Wie ist es doch so karg bestellt,
Das Feld der richterlichen Welt,
Und sicher läuft etwas verkehrt,
Wenn es allein die Richter nährt.

Wärn sie wahrhaftig, wenn sie sä'n,
Es könnte edle Frucht entstehn
Und zwar dem ganzen Volk zum Wohl,
So aber ist sie oftmals hohl

Die Frucht, die mangels echtem Geist
Uns nicht die rechten Wege weist;
Ich dacht' daran, fühlt' mich nicht gut,
Und wieder einmal sank der Mut.

Da rief der Herr, es werde Licht,
Und sieh, schon schrieb ich ein Gedicht;
Auch wenn's den Richtern nicht gefällt,
Wenn dadurch sich ihr Geist erhellt,

Dann hätt ich doch noch was erreicht,
Schon fühlt' ich mich entspannt und leicht,
Den Dank der Richter brauch ich nicht,
Da üb' ich durchaus gern Verzicht.

Keine Seele*

Warum ich mich wohl so quäle,
Geld und Zahl doch keine Seele
Kennt man in der heutgen Zeit,
Das führt in die Einsamkeit;

Dadurch kommt es zu Neurosen,
Wenn im Geist wie tote Hosen
Sich die Umwelt müßig zeigt,
Wahrheit unterdrückt und schweigt.

Sogleich hört man von den Leuten,
Er muß hin zum Therapeuten,
Denn der Mann erweckt den Schein,
Höchst gefährlich krank zu sein.

Wer sich abhebt vom Normalen
Ist zu strafen, der soll zahlen,
Doch am Ende tut sich kund,
Grad der Kranke war gesund.

*Sh. »Hermann Hesse Lektüre für Minuten« Seite 208

Der Pfau

Gerhard hatte Marx gelesen,
Ist danach Marxist gewesen,
Honecker war sein Idol,
Gerhard folgte Helmut Kohl.

Marx und Honecker indessen
Hat er vorher schnell vergessen,
Standen ihm als Kanzler nicht
Vorteilhaft mehr zu Gesicht.

Gerhard wußte sich zu drehen,
Durfte jetzt ganz oben stehen,
Smart wie er nun einmal war,
Wurde er zum Medienstar.

Doch nach vielen guten Jahren
Hat er schmerzhaft dann erfahren,
Daß ihm das Vertrauen fehlt,
Deshalb wurde neu gewählt.

Kontrahent war eine Dame,
Angela ihre werter Name,
Erstmals also eine Frau,
Gerhard spreizte wie ein Pfau

Seine Federn um zu zeigen,
Dieser Platz der ist mein eigen,
Wer ihn will, ob Mann ob Frau,
Jeden mache ich zur Sau.

Stimmt man für Angela Merkel,
Quiekt der Gerhard wie ein Ferkel,
Denn nichts bleibt vom stolzen Pfau,
Stiehlt ihm eine Frau die Show.

Der Ideenoskar

Oskar stand zu jeder Zeit
Immer für Ideen bereit,
Wenn sie ihm nur selber nützten
Und sein Selbstbewußtsein stützten;

Denn sein ganzes Leben lang
Wurd getrieben er vom Drang
Stets im Rampenlicht zu stehen,
So daß jeder konnt ihn sehen.

Oskar, zwar vom Wuchs recht klein,
Wollte gern der Größte sein;
Meinte, daß Ideen es seien,
Die die Größe ihm verleihen.

Daß er selbst, dank ihrer Macht,
Aufersteht in Glanz und Pracht,
Denn zuletzt war er gestrandet,
Unsanft auf dem Bauch gelandet.

Voller Eifer kramte er
Marx und Engels wieder her,
Wollte wie zu alten Zeiten
Jetzt in ihrem Namen streiten;

Und das tat er dann ja auch,
Stieg geübt im Machtgebrauch
Schnell auf die Karriereleiter,
Fällt er wieder, nun, dann schreit er.

Oskar steckt alle in den Sack

In der Führung hierzulande,
Rief der Oskar höchst empört,
Seh ich nur noch eine Bande,
Die in einen Sack gehört,

Den es kräftig gilt zu schlagen,
Damit jeder kriegt was ab,
Nur so kommt, wenn Sie ihn fragen,
Dieser Bundestag auf Trab.

Oskar hat Karl Marx gelesen,
Meint, es wär das größte Glück,
Käm, dann würd die Welt genesen,
Sozialismus bald zurück.

Um den Klassenkampf zu führen,
Steht der Oskar schon bereit,
Ja, er will das Feuer schüren,
Träumt von einer neuen Zeit;

Dem ersehnten roten Morgen,
Oskar sitzt dann auf dem Thron,
Er hat heut schon keine Sorgen
Dank der fürstlichen Pension.

Oskars Platz, besehn bei Lichte,
Auch der Bundestag stimmt zu,
Wär der Müllberg der Geschichte,
Hätt' die liebe Seele Ruh.

Romantik

Wer viermal ging die Ehe ein
Als Mann, der muß romantisch sein,*
Wie schön, wenn ihm die Fraun beim Traun
Verliebt in seine Augen schaun.

Der feierliche Treueschwur,
Er untermalt die Prozedur,
Fällt aber aus des Mannes Sicht
Nicht wirklich ernsthaft ins Gewicht;

Denn wie soll es romantisch sein,
Lebt man mit einer Frau allein
Und das ein ganzes Leben lang,
Da macht schon der Gedanke krank.

So kommt denn beim gestandnen Mann
Des öftren eine Andre dran,
Und jedesmal verspricht aufs neu,
Er liebevoll ihr seine Treu'.

Die alte aber, sie mag gehn,
Mit einem Schirm im Regen stehn,
Wenn sie den Mann dann nicht vergißt,
Zeigt's, daß auch sie romantisch ist.

Romantik, lag nicht grad darin
Für junge Menschen so viel Sinn?
Und fällt der Herr im Himmel ein,
Gewiß wird der begeistert sein.

* Sh. BILD-Zeitung vom 11.10.05 »Post von Wagner«,
»Ein Mann, der viermal verheiratet ist, kann nur romantisch sein.«

Ganz gewiß

Ganz gewiß, ganz gewiß
Ist im Leben der Beschiß;
Inhaltsgleich läßt es sich fassen:
Darauf kannst Du einen lassen.
Der Beschiß, der Beschiß
Ist im Leben ganz gewiß.

Geht's ums Geld, geht's ums Geld
Lernst Du kennen diese Welt;
Selbst bei angesehnen Banken
Fehln bisweilen alle Schranken.
Du lernst kennen diese Welt
Geht's ums Geld, geht's ums Geld.

Geht's um Macht, geht's um Macht,
So gib ganz besonders acht,
Wirst umworben und gebeten,
In den Hintern dann getreten.
Gib deshalb besonders acht,
Geht's um Macht, geht's um Macht.

Das Gericht, das Gericht
Sucht die Wahrheit oftmals nicht,
Und da Richter gerne schlafen,
Werden sie Dich dafür strafen.
Auf die Wahrheit nicht erpicht,
Straft Dich deshalb das Gericht.

Ganz gewiß, ganz gewiß
Ist im Leben der Beschiß;
Auch privat, im Lauf der Zeiten
Wird Dein Leben er begleiten.
Der Beschiß, der Beschiß
Ist im Leben ganz gewiß.

Die Fassade

Es ist wirklich jammerschade,
Was heut zählt ist die Fassade,
Weil das, was dahinter steckt,
Sie so angenehm verdeckt.

Und man will das gar nicht wissen,
Denn ein sanftes Ruhekissen
Ist, wenn man nicht zu viel weiß,
Schlechter Schlaf des Wissens Preis.

Steht dann oben ein recht schlauer,
Tüchtiger Fassadenbauer,
Zeigt die herrschende Instanz
Gern sich im Fassadenglanz.

Alles, was dem Glanz könnt schaden,
Sollen schlucken die Fassaden,
Und in diesem schönen Schein
Stellt sich auch der Stolz mit ein.

Ja, mit Stolz ist zu betrachten,
Was im Land hervor wir brachten,
Doch man sollte dem nicht traun,
Hinter die Fassaden schaun.

Das Privileg

Der Apfel fällt nicht weit vom Stamm,
Da machen sie erst viel tam, tam,
Ein jeder wär ein Unschuldslamm
Und steht dann auch nur wieder stramm.

Vor richterlicher Staatsgewalt,
Da werden schnell die Füße kalt,
Was immer dort mag auch geschehn,
Bequemer ist es wegzusehn.

Heut stellt man niemand an die Wand,
Das ist ein Fortschritt hier im Land,
Was ist dagegen schon ein Tritt,
Den nimmt man anstandslos gern mit.

Wenn man nur seine Ruhe hat,
Zu essen und auch Fernsehn satt;
Für hohe Herrn das Privileg
Schafft man ja doch nicht aus dem Weg.

Die Gewissenlosen

Manch ein Mensch wurd vom Gewissen
Bisher sicher nicht gebissen;
Vielleicht ist er aber bloß
Einfach nur gewissenlos.

Ein Gewissen, wird er sagen,
Schafft doch nichts als Unbehagen,
Deshalb nützt es ungemein,
Schlichtweg unwissend zu sein.

Denn wenn wir das Wissen missen,
Kann sich regen kein Gewissen,
So sagt man, was ich nicht weiß,
Das läßt kalt, macht mich nicht heiß.

Und es ist ein heißes Eisen,
Einem andern zu beweisen,
Daß er sehr wohl Wissen hat,
Wenn er dieses leugnet glatt.

Hieß es zu gewissen Zeiten,
Das Gewissen soll Dich leiten,
Sagt man heut oft kurz und knapp,
Wenn es stört, dann schalt es ab.

Die Führer

Manch ein Mensch der läßt uns spüren,
Er ist ausersehn zum Führen,
Und mit dem, was er so schafft,
Wurde er zur Führungskraft.

Er führt Männer, er führt Frauen,
Mit Bewundrung muß man schauen,
Was mit ihnen er erbaut,
Kaum, daß man den Augen traut.

Welche Pracht und welche Größe,
Ständig neue Denkanstöße,
So daß fast kein Tag vergeht,
Wo nicht in der Zeitung steht,

Was das Land ihm hat zu danken,
Um den sich Gerüchte ranken,
Daß sogar ein heilger Schein
Würd ihm Richtungsweiser sein.

Dem zum Trotz zeigt er die Zähne,
Wo gehobelt wird, falln Späne,
Unter seinem strengen Blick
Brach sich mancher das Genick.

Doch wohin könnt das schon führen,
Würd man dem auch mal nachspüren,
Nein, am Ende wärn wir bloß
Dann womöglich führungslos.

Zur Würde

Eine Scheinwelt ist ihr Leben,
Sie verklärn sich selbst ihr Sein,
Wahrheit darf es dort nicht geben,
Stört sie sonst ganz ungemein.

Wer erwacht, bestimmt zum Sehen,
Diese Wirklichkeit erkennt,
Ist, er wird allein bald stehen,
Von den anderen getrennt. 1)

Wie bequem, nur mitzuschwimmen
In dem Strom, im Geist der Zeit,
Freudiger dagegen stimmen
Offner Blick, Aufrichtigkeit, 2)

Um dem Würde zu verleihen,
Der nach hohen Zielen strebt,
Sucht sich selber zu befreien,
Aus der Masse sich erhebt. 3)

1)-3) Sh. »Hermann Hesse
Lektüre für Minuten« S. 184, 96, 89

Niedertracht

Gar mächtig ist die Niedertracht,
Die sich im Lande breit gemacht;
Du willst dagegen aufbegehren,
Man wird Dich eines Bessren lehren.

Halt Dich nur fern von dieser Macht,
Sie hat schon manchen umgebracht,
Gedeiht auf ihrem Wege prächtig,
Wird ganz allmählich übermächtig.

Wer sich nicht fügt, der wird verlacht,
Verleumdet und mit Hohn bedacht;
Sie führt ein Dasein ohnegleichen
Und dies in allen Machtbereichen.

Ob Wirtschaft, Politik, ob Recht,
Die Niedertracht als ein Geflecht,
Wird, wenn wir unsren Kampf nicht führen,
Wohl vielen noch die Luft abschnüren.

Die lustige Witwe

Es heißt, daß sich die Pensionen
Nur in dem Fall richtig lohnen,
Wenn hernach die Ruhefrist
Von sehr langer Dauer ist.

Denkt man an die Wirtschaftskraft,
Die ein solcher Anspruch schafft,
Würd es sich für alle lohnen,
Wenn sich die Beamten schonen.

Außerdem kann auch ein Greis,
Wie inzwischen jeder weiß,
Ehelichen eine nette
Jungfrau noch im Krankenbette,

Damit sie nach seinem Tod,
Gut versorgt und ohne Not,
Als, das freut dann jedermann,
Lust'ge Witwe leben kann.

So sollt jeder vor dem Sterben
Die Pension schon mal vererben,
Und am besten, wie ich find,
Seinem eignen Enkelkind.

Der Herr wird's richten

Manch ein Mensch verläßt sich gern
Ganz allein nur auf den Herrn,
Sieht nicht seine eignen Pflichten,
Denn der Herr, er wird's schon richten.

Dieser Mensch voll Gottvertraun
Will das Unrecht hier nicht schaun;
Geht das Recht im ganzen flöten,
Sieht er selbst sich nicht in Nöten.

Er verläßt sich auf den Herrn,
Und das Nächste liegt ihm fern,
Selbst die Dinge anzufassen,
Sie dem Herrn zu überlassen,

Macht das Leben angenehm,
Ist zudem auch sehr bequem,
Denn der Herr, er wird's schon richten,
Doch der Herr, er sprach: Mitnichten,

Wozu gab ich Euch Verstand,
Jammert nicht nach meiner Hand,
Und versäumt Ihr Eure Pflichten,
Denkt daran, ich werd Euch richten!

Der Nestbeschmutzer

Nestbeschmutzer sollt man nennen
Jenen, der den Schmutz gemacht,
Daß wir seinen Namen kennen,
Wäre sicher angebracht.

Nestbeschmutzer, den zu nennen,
Der nur auf den Schmutz hinweist,
Zeugt, man sollte das erkennen,
Jedoch nicht von sehr viel Geist.

Denn das Nest, es wird nicht sauber,
Wenn den Schmutz man übersieht,
Glaubt nicht diesen faulen Zauber,
Da sonst folgendes geschieht:

Man wird ihn nicht mehr beachten,
Und der Schmutz er tritt sich fest,
Ihn dann schließlich so betrachten
Als gehörte er zum Nest.

Gleichwohl, die Fassadenputzer
Pflegen mit Bedacht den Schein,
Die ihn störn sind Nestbeschmutzer,
Äußerlich soll's sauber sein.

Zensuren

Gibt man für die Verse nur
Mir die schlechteste Zensur,
Nehme ich das niemand krumm,
Nein, gerade andersrum;

Hab ich Freude doch daran,
Wenn es jemand besser kann;
Außerdem, glaubt mir, ich lern
Immer noch dazu ganz gern.

Allerdings gibt's die Zensur
Von recht unguter Natur;
Übt Zensur aus das Gericht,
Mag ich das beileibe nicht;

Denn verbietet es den Mund,
Obgleich Wahrheit er gibt kund,
Scheint uns dies aus gutem Grund
In der Tat sehr ungesund.

Damit fängt das Unheil an,
Daß man nicht frei reden kann;
Deshalb gebt bereits gut acht,
Wenn man einen mundtot macht.

Die Quelle für das Licht*

Es kommt auf jeden von uns an,
Auf den uns eignen Wert,
Damit das Land gedeihen kann,
Sich nicht ins Abseits kehrt.

Wir solln die Quelle für das Licht
In unsrem Staate sein,
Die Machtgebilde sind es nicht,
Stelln wir uns darauf ein.

Sonst wird der Grund auf dem wir stehn
Moralisch zum Morast,
Darin wird jeder untergehn,
Der sich nicht angepaßt.

* Sh. Theodor Plivier »Humanität und Staat«
in »Freiheit unser höchstes Gut«.
Ein Lesebuch für die Abschlußklassen
der Hamburger Schulen, Seite 20

Die Bürgschaft

Staatsanwälte sollten bürgen
Für das Recht, für sein Bestehn,
Wenn sie es stattdessen würgen,
Darin auch noch Ordnung sehn,

Mit den Richtern im Verbunde,
Weil sie Interessen schützt,
Geht der Rechtsstaat vor die Hunde,
Fragt sich, ob es ihnen nützt.

Man sollt diesen Rechtsstrategen
Ernstlich auf die Finger schaun
Und das Handwerk ihnen legen,
Sie verdienen kein Vertraun.

Eine Bürgschaft braucht Aufrechte,
Wahrer Ordnung als Garant,
Keine Würger, keine Knechte,
Sie zerstören unser Land.

Die Kammern

Wenn die richterlichen Kammern
Gegenüber Wahrheit blind,
Dich mit festem Griff umklammern,
Nicht des Rechtes Hüter sind,

Denk ich, braucht man nicht zu jammern,
Sind sie geistig auch verquast,
Schließlich gibt es keine Kammern,
Wo man heut noch wird vergast.

Doch es wär nicht angemessen,
Grad wo Wahrheit wird verdreht,
Was geschehn ist zu vergessen,
Wer weiß schon wie's weitergeht.

Ein Lied ging um die Welt

Ein Lied ging um die Welt,
Ein Lied das so gefällt,
Doch was dahinter steht,
Ist wie vom Wind verweht.

Man will der Wahrheit Licht
Bei uns noch immer nicht,
Daß Bürger aufrecht gehn,
Mag das Gericht nicht sehn.

Wer hier nicht angepaßt,
Der wird hart angefaßt,
Auch nur ein bißchen Mut,
Der paßt ins Bild nicht gut.

Sie geben sich modern,
Im schwarzen Rock die Herrn,
Der abgestandne Mief,
Er sitzt noch immer tief.

Die gute neue Zeit
Erscheint im alten Kleid,
Da leuchtet uns kein Stern,
Wie ist er nur so fern.

Der Querulant

Endlich habt ihr klar erkannt,
Der Mann ist ein Querulant;
Eigentlich was für die Wand,
Noch steht davor der Verstand.

Habt die hohen Herrn im Rücken,
Doch ihr wollt auch meine Mücken,
Und wer wird aus freien Stücken
Heute schon den Abzug drücken.

Gar so weit ist es noch nicht,
Obwohl auch das Landgericht
Für Verleumdung, fern der Pflicht,
Wieder eine Lanze bricht.

Wenige wird das berühren,
Doch die wenigen sie spüren,
Langsam öffnen sich die Türen,
Die uns hin zum Abgrund führen.

Der Menschenhandel

Ihr Wunsch nach einem eignen Kind
Der sollt nicht in Erfüllung gehen,
Da Träume nicht vergänglich sind
So wie die Schmerzen bei den Wehen,

Ließ sie ihr Herzenswunsch nicht ruhn,
Ein Kind als Lichtstrahl für ihr Leben,
Sie würden dafür alles tun,
Ihm Liebe, ein Zuhause geben.

Und manch ein Kind kam auf die Welt,
Als eine große Last empfunden,
Wurd schweren Herzens abgestellt,
Die Eltern aber warn verschwunden.

Lag darin nicht die Möglichkeit,
Wenn sie die Mutter vorher fänden,
Für alle die Gegebenheit
Zu einem Guten noch zu wenden?

Dies nun gelang, man traf sich bald,
Für's Kind begann ein bessres Leben,
Der Frau wurd für den Unterhalt
Ein kleines Sümmchen übergeben.

So weit so gut, doch was geschah,
Es hieß, das wäre Menschenhandel,
Schon warn die Selbstgerechten da,
Und sie verlangten Haft und Wandel.

Ja, sind sie rechtlich abgestützt,
Sie halten still beim Kindertöten,
Auch wenn es nur den Lumpen nützt,
Doch schlimmer wär's, das Recht ging flöten.

153

Der Schlaf des Gerechten

Ein kleines Mädchen gequält, umgebracht,
Eine Bestie von Mensch, die so etwas macht;
Die verzweifelte Mutter schlug auf sie ein
Im Gerichtssaal, und das soll strafbar sein.

Der Staatsanwalt, er verkündet dies laut,
Denn so leicht geht nichts ihm unter die Haut,
Das Leiden der Mutter, das Leiden vom Kind,
Weil Paragraphen ihm maßgebend sind.

Und die verlangen, die Mutter zu strafen,
Der Staatsanwalt könnt nicht mehr ruhig schlafen,
Wenn ihm die leisesten Zweifel kämen,
Die würden ihm glatt seine Ruhe nehmen.

Denkanstoß

Bist Du stolz Deutscher zu sein?
Nun, zur Zeit fällt manches ein,
Was behindert ein Bestreben,
Sich im Deutschsein zu erheben.

Es ist schon recht ungesund,
Wird verboten Dir der Mund,
Weil man meint, es wär Entgleisen,
Hier auf Mißstand hinzuweisen.

Wo man einen Ehrenmann
So wie Dreck behandeln kann,
Und die Richter eine Schande,
Halten das für Recht im Lande.

Wo im öffentlichen Leben
Lumpen mit den Ton angeben,
Sie die Presse lobt und preist,
Ihnen zuschreibt heilgen Geist.

Unredliche Führungsleute
Sahnen ab die fette Beute,
Mitarbeiter gehn leer aus,
Fliegen dafür dann hinaus.

Weiteres möcht ich mir schenken,
Denn als Anstoß für das Denken,
Denk ich, hat man so genug
In bezug auf Lug und Trug.

Ein Beispiel der Verlogenheit

Für's Rauchen darf man heut noch werben,
Daß Menschen durch das Rauchen sterben,
Darauf weist man zwar deutlich hin,
Doch ist es nicht der Werbung Sinn

Jemand vom Rauchen abzuhalten;
Der Bürger soll sich frei entfalten,
Dazu gehört auch der Entscheid
Für Lungenkrebs, für Qual und Leid.

Mag sich der Mensch dann später quälen,
So will man keinesfalls verhehlen,
Auf was er sonst verzichten muß;
Kommt er nicht in den Rauchgenuß,

Versagt er sich die schönsten Freuden,
Würd Tage gradezu vergeuden,
Das Risiko vom Raucherbein
Wiegt das nicht auf, ist eher klein.

Die wirtschaftlichen Interessen
Lassen Moral ganz schnell vergessen,
Ein Beispiel der Verlogenheit
In dieser viel gepriesnen Zeit.

Wovon im Alter leben?

Wovon solln wir im Alter leben?,*
Wer das fragt liegt total daneben;
Wenn Ihr solange leben wollt,
Besagt das nicht, daß Ihr es sollt.

Es zeigt sich doch, daß Älterwerden
Wird meist begleitet von Beschwerden,
Deshalb ein guter Rat, kurz, knapp,
Gebt rechtzeitig den Löffel ab.

Den braucht Ihr ohnehin nicht mehr,
Denn Euer Teller der ist leer;
Was drauf war, hat im Lauf von Jahren
Der Vater Staat sich eingefahren.

Ein guter Vater, wie es heißt,
Der auch ganz klar die Richtung weist:
Der Staat soll schöpfen aus dem vollen,
Tribut dafür der Bürger zollen.

*Sh. BILD-Zeitung vom 18.1.2006

Steinerne Erinnerung*

Der Republik-Palast aus Stein
Soll steinerne Erinnrung sein,
Erinnerung, die wir so brauchen,
Sie würde ohne ihn verrauchen.

Ich war erstaunt als ich dies las
Und dachte erst, es wär ein Spaß;
Könnt man, was einst erbaut, nicht sehen,
Wüßt niemand, was damals geschehen,

Denn ohnedem, stand dort als Grund,
Setzt bei uns ein Gedächtnisschwund,
Das aber würd tatsächlich heißen,
Den Bau, man darf ihn nicht abreißen.

Da frag ich, ob das so sein muß,
Liegt hier nicht vor ein falscher Schluß,
Kann sich Erinnerung entfalten
Nur wenn den Bau wir uns erhalten?

Sagt man nicht, was der Dichter schreibt,
Daß es für alle Zeiten bleibt,
Und die beschriebnen Bücherseiten
Kann man zudem noch leicht verbreiten.

Es sei denn, daß kein Dichter schrieb,
Weil er das Schreiben schuldig blieb,
Sich auch, wie viele andre Leute,
An dem, was dort geschah, erfreute. 1)

Dann brauchen, um im Bild zu sein,
Wir die Erinnerung aus Stein,
Es sei der Dichter würd heut schreiben,
Auch das sollt in Erinnrung bleiben.

*Sh. BILD-Zeitung vom 20.1.06 »Post von Wagner«
1) Sh. »Der Pfau«, S. 133

Mozarts BILD-Oper

Wenn der Amadeus wüßte,
Daß er komponieren müßte,
Was die BILD-Zeitung so schreibt,
Ob dann was von Mozart bleibt?

BILD ist sicher, Mozart hätte
Dann geschaffen eine nette
Oper, liebevoll und wild,
Als der Zeitung Ebenbild.

Liegt es da nicht weitaus näher,
Daß der Amadeus eher
Aus Verzweiflung und Verdruß
Sich gäb selbst den Todesschuß?

Wüßt er doch, mit BILD im Bunde
Ging er elendig zugrunde,
Denn wer legt sein Augenmerk
Schon auf solch ein Bildungswerk.

Ich schlag vor, man läßt hienieden
Diesen großen Mann in Frieden,
Daß man Mozart nicht entehrt,
Macht zum BILD-Clown ohne Wert.

*Sh. »Post von Wagner« in BILD-Zeitung vom 27.1.2006

Anwalt des Rechtes

Das Leben ist kurz,
Man denkt an nichts Schlechtes,
Doch dann kommt der Furz
Als Anwalt des Rechtes.

Bläst sich vor Dir auf
Als Mitglied der Kammer,
Viel hat er nicht drauf,
Er schwingt seinen Hammer

Und schlägt damit drein,
Kann nicht an sich halten,
Dies soll der Weg sein,
Um Recht zu gestalten.

Ein Anwalt vom Recht,
Das gibt sehr zu denken,
Da können wir echt
Das Recht uns doch schenken.

Höchst bedenklich

Höchst bedenklich Euer Ehren,
Wahrheit untern Tisch zu kehren,
Mit der Unwahrheit im Bunde
Richten Sie das Recht zugrunde.

Zeigt sich doch, besehn bei Lichte,
Nichts gelernt aus der Geschichte,
Wenn das Recht soll nicht entarten,
Muß man da schon mehr erwarten.

Über andere zu richten,
Dieser Anspruch sollt verpflichten,
Durch ein vorbildliches Leben
Hier ein Beispiel selbst zu geben.

Wenn die Suche nach dem Wahren
Sie beim Urteil sich ersparen,
Frag ich, was kann Anlaß geben,
Sich im Deutschsein zu erheben?

Ein Senator will nicht kuschen

Ein Senator will nicht kuschen,
Bietet drum die Stirn den Luschen,
Die verordnen ihm zu schweigen,
Doch er will den Bürgern zeigen,

Daß bei jungen Kriminellen
Man sich dem Problem muß stellen;
Da gilt es dann, nicht zu kneifen,
Sondern härter durchzugreifen.

Doch Politiker stehn gerne
Den Notwendigkeiten ferne;
Sterbenskranke müssen leiden,
Haben stets den Weg zu meiden,

Der im qualvoll schweren Ringen
Ihnen könnt Erlösung bringen;
Dafür gibt's für Kriminelle
Die humane Wohlfühlzelle,

Denn das dort'ge Zeitvertreiben
Soll schön in Erinnrung bleiben;
Da macht es schon sehr betroffen,
Spricht sich aus dagegen offen

Ein Senator, der nicht kuschen
Will vor ausgemachten Luschen,
Die ihr Wohl im Gleichschritt sehen
Und laut schreien, er soll gehen.

Senator auf Goethes Spuren

Steine in den Weg gelegt,
Haben Menschen angeregt,
Daraus etwas aufzubauen,
Das wir voll Bewundrung schauen.

Goethe ist dafür bekannt,
Baute kunstvoll mit Verstand
Aus dem, was im Weg gelegen,
Werke, die bis heut bewegen.

Hätte sicher sich gefreut
Über den, der sich nicht scheut,
Gleichsam durch entschlossnes Handeln
Auf des Meisters Spurn zu wandeln.

Der im Blick die Ordnung fest,
Sich von niemand beugen läßt,
Sich nicht freihält seinen Rücken,
Feige, durch Erinnrungslücken.

Ein Senator, das ist neu,
Blieb in diesem Sinn sich treu,
Will den Weg von Steinen räumen,
Läßt Steinleger vor Wut schäumen.

Unheilvolle Krücken

Herrlich, so weit sind wir schon,
Darin liegt Provokation,
Wenn man nicht ganz offen lügt,
Damit der Partei sich fügt.

Ein Senator ist's gewesen,
War im BILDungsblatt zu lesen,*
Der es gar nicht erst probierte,
Eben dadurch provozierte.

Konnte man ihm nur empfehlen,
Sich mit Wahrheit nicht zu quälen,
Sondern sie zu überbrücken
Einfach mit Erinnrungslücken.

Dies ein Rat, ganz frank und frei,
Aus der christlichen Partei;
Wahrlich nicht sehr bibelfest,
Trotzdem blieb aus der Protest;

Dabei sind Gedächtnislücken
Doch sehr unheilvolle Krücken,
Wenn es nützt, scheint unterdessen,
Kann man das auch gern vergessen.

*Sh. »BILD-Zeitung« vom 13.2.06
»Opposition fordert Beugehaft«

Kein Licht im Tunnel

Es läßt sich wohl kaum vertuschen,
Daß im Lande hier die Luschen
Jedem in das Handwerk pfuschen,
Der vor ihnen will nicht kuschen.

Nicht gefragt ist eignes Denken,
Sollte man sich tunlichst schenken,
Um die Luschen nicht zu kränken,
Sich als Denkender beschränken.

Nur nichts Unerwünschtes sagen,
Weil's die Luschen nicht vertragen,
Werden sonst mit Wohlbehagen
Dich von Deinem Posten jagen.

Vor uns liegen schwere Zeiten,
Weil nur Mittelmäßigkeiten
Sich im ganzen Land verbreiten,
Kann den Horizont nicht weiten.

So muß ein Senator gehen,
Wollt für Recht und Ordnung stehen,
Und es wird noch viel geschehen,
Bis wir Licht im Tunnel sehen.

Die öffentliche Hand

Unsre öffentliche Hand,
Mir nur allzu gut bekannt,
Denn wenn ich sie angetroffen,
Hatte sie die Hand stets offen.

Nur im Abkassieren groß,
Sonst war nicht viel mit ihr los,
So wie ich sie hab erfahren
In den letzten vierzig Jahren.

Hat sich selber gut versorgt,
Und das Geld, das sie geborgt
Für die Renten, zweckentfremdet
Obendrein auch noch verschwendet.

Hat dem Bürger, der sie trägt,
Steine in den Weg gelegt,
Um, denn darin ist sie eigen,
Souveränität zu zeigen,

So daß heut schon souverän
Bürger in das Ausland gehn,
Weil man ihnen dort zum Ende
Gern reicht freundschaftlich die Hände.

Der Paragraphenstaat

Recht und Ordnung sind die Stützen,
Um vor Willkür uns zu schützen;
Ist der Staat dazu imstand,
Wird er Rechtsstaat drum genannt.

Will er dieses Ziel erreichen,
Darf jedoch Vernunft nicht weichen,
Wenig hilfreich ist hier die
Paragraphenindustrie,

In der Hand von solchen Köpfen,
Die nicht aus der Tiefe schöpfen,
Denn beim rechten Rechtsgebrauch
Zähln Moral und Anstand auch.

Dieses Wissen wurd indessen
Oft beim Studium vergessen,
Hat man es nicht nahgebracht,
Bleibt es folglich außer acht.

Und es werden Herrn der Rechte
Dann die Paragraphenknechte,
Ohne jedes Rechtsgefühl,
Eignen Vorteil im Kalkül.

Doch die redlichen Juristen
Sollten ihren Stall ausmisten,
Denn die unheilvolle Saat
Bringt den Paragraphenstaat.

Einem Aufrechten zum Gedenken

Des Bürgermeisters Zukunftssorgen*
Sind heute unsre Gegenwart;
Wußt er beim Denken an das Morgen,
Daß Menschen fehln von seiner Art?

Er würde uns ganz sicher warnen,
Wenn Vorteilsstreben er gesehn,
Vor Ehrgeizlingen, Scharlatanen,
Die gern im Rampenlichte stehn.

Hat er einmal sein Wort gegeben,
Etwas versprochen in die Hand,
Wo kann man das heut noch erleben,
Es hatte unbedingt Bestand.

Aus ihren Ämtern würd er jagen,
Jene, die lügen und verdrehn,
Er konnte Unrecht nicht ertragen,
Doch eigne Fehler eingestehn.

Ich werde seiner stets gedenken,
Er, der durch sich ein Vorbild gab,
Sollt andere durch sein Tun lenken,
Blieb sich selbst treu bis hin ins Grab.

*Sh. »Zukunftsorgen« Gedicht von Rudolf Donath,
ehem. Bürgermeister von Börnsen bei HH-Bergedorf

Recht pervers

Ich kann nicht besser schreiben
Als ich es nun mal kann;
Soll's deshalb unterbleiben?
Ich denke nicht daran.

Kann auch nicht besser reimen,
Hab dennoch meinen Spaß,
Denk nicht mal im Geheimen,
Daß ich es unterlaß.

Auch wenn ein Anwalt klagte,
Ich schriebe primitiv,
Fuhr fort dann der Besagte,
Mein Reim wär krumm und schief.

Ich kann ihn gut verstehen,
Kam ihm ja auf die Spur,
Er war bei Licht besehen
Ein Rechtsverdreher nur.

So schreib ich ernst und heiter
Noch manchen Knittelvers,
Er nennt sich Anwalt weiter,
Das ist schon recht pervers.

Laßt Euch sagen!

Um dem Unrecht zu entgehen,
Heißt es, Augen auf und sehen;
Dies war das Gebot der Stunde
Als die Nazi-Schweinehunde

Sich im Lande etablierten
Und in Richtung Krieg marschierten;
Hunderte von Literaten
Rochen rechtzeitig den Braten,

Flüchteten von deutscher Stätte,
Wo man sie gebraten hätte
Ins Exil, von wo man schaute,
Wie der Führer Öfen baute

Und laut tönte, demnächst sollen
Hier im Land die Köpfe rollen;
Was sie dann auch reichlich taten,
Blut floß, man konnt darin waten.

Bis das Land den Krieg verloren,
Aus der Asche neugeboren,
Sollte sich noch mal erheben,
Um die Freiheit zu erleben.

Trotzdem wollte man mitnichten
Auf die Seilschaften verzichten,
Die bereits dem Führer nützten,
Ihn mit Tatkraft unterstützten.

Richterliche Henkersknechte
Wurden wieder Herrn der Rechte,
Hohe Nazi-Bürokraten
Durften weiterhin beraten.

Hielten sich auf höchsten Plätzen,
Wollte man dort nicht ersetzen;
So befanden Literaten
War der Neubeginn mißraten,

Dennoch konnt, wenn wir vergleichen,
Repektables man erreichen,
Doch es reicht nicht, laßt Euch sagen,
Um die Nase hoch zu tragen.

Der Teufel an der Wand

Sicher ist es provokant,
Wenn ich hier im deutschen Land,
Mit dem Schreiber in der Hand
Mal den Teufel an die Wand.

Doch allein die Reaktion
Auf das Malen zeigt uns schon,
Die Gefahr ist nur gebannt,
Wird als solche sie erkannt.

Ist erst mal der Teufel los,
Dann ist das Entsetzen groß,
Und der mag den gleichen Schritt,
Da marschiert er freudig mit.

So gilt es zu provoziern,
Daß nicht alle mitmarschiern,
Dafür soll sein der Garant
Grad der Teufel an der Wand.

Meine Werbung

In den Krieg hineingeboren,
Gut, daß bald drauf er verloren,
Von Ruinen zwar umgeben,
Konnten wir doch weiterleben.

Danach, so mit fünfzehn Jahren,
Alt genug, um zu erfahren,
Was in Deutschland war geschehen,
Sollten wir die Filme sehen;

Auschwitz, all die Greueltaten,
Wo war Deutschland hingeraten?
Ließ sich hin zum Abgrund führen,
Jubelnd, ohne es zu spüren.

Viele, die das Recht vertraten,
Hatten treulos es verraten,
Heute glaubt man fest zu stehen,
Doch der Boden kann sich drehen.

Und so will ich vor dem Sterben
Für das rechte Handeln werben,
Ich wuchs damals auf in Scherben,
Mög es besser gehn den Erben.

Asyl

Nun, auch ich zog meine Lehre,
Weil der Stellenwert von Ehre,
Den sie hier im Land belegt,
Sich mit meinem nicht verträgt.

Wenn im Land die Ehrabschneider
Tragen wieder Ehrenkleider,
Hat die Ehre keinen Wert,
Es läuft etwas grundverkehrt.

Wenn die Herrn von den Gerichten
Ehrabschneidern sich verpflichten,
Setzen Ehre außer Kraft
Und verordnen dafür Haft,

Sollt man sicher nicht vor Schrecken
In den Sand den Kopf reinstecken;
Ich zieh deshalb ins Kalkül
Für mich selbst jetzt das Asyl.

Immerhin gibt es noch Länder,
Wo nicht Mörder, Kinderschänder
Schnell auf freiem Fuße stehn
Und die nächste Tat begehn,

Sondern wo es heißt, daß Ehre
Für die Menschen heilig wäre
Und, daß ohne Zweifel man
Sie bestimmt nicht kaufen kann.

Pack die Sachen

Pack die Sachen, pack die Sachen,
Eh sie hier ganz pleite machen,
Geistig immer mehr verflachen,
Kriegen ihn nicht voll den Rachen.

Pack die Sachen, pack die Sachen,
Hier hast Du nichts mehr zu lachen,
Eh sie Dich ganz mundtot machen,
Sei gescheit, verlaß den Nachen.

Spürtest schon die Faust im Nacken,
Doch noch ist es Zeit zum Packen,
Nutzt Du nicht die Gunst der Stunde,
Gehst Du schließlich vor die Hunde.

Lieb Vaterland

Das war es also hier im Lande,
Gelöst die einst so festen Bande,
Doch ohne Bitterkeit und Haß,
Kaum traurig, wenn ich es verlaß.

Von deutschen Staatslakai'n geprügelt,
Die wie Barbaren ungezügelt
Die Peitsche im gelobten Land
Schwingen gelenkt vom Unverstand.

Im Wappenschild die Paragraphen
Als Rechtsgrundlage um zu strafen,
Auf hohem Roß, gefühllos, kalt
Und hinter sich die Staatsgewalt

Sich selber preisend und erheben,
Um stolz das Deutschsein zu erleben,
Doch zu viel Gutes wurd verbrannt,
Ich sag, ade lieb Vaterland!

Erlebnisse im Hotel mit König Alfred und seinem Hanswurst
unter Berücksichtigung der Zensur durch das Landgericht
Hamburg. Der Kampf eines Bürgers gegen ein Unternehmen
mit faschistoiden Verhaltensweisen Band I-VIII

König Alfred und sein Hanswurst
Ein MALBUCH mit 66 heiteren Geschichten.
Für Jugendliche im Alter von 8-88 Jahren
ISBN 978-3-8334-8037-9

Die frivolen Geschichten
mit König Alfred und seinem Hanswurst
ISBN 978-3-8334-8038-6

Sokrates läßt Deutschland grüßen –
damit Freiheit atmen kann
ISBN 978-3-8334-7988-5

Das große Kochbuch
Ein Menü für Juristen und verantwortungsbewußte Staatsbürger
ISBN 978-3-8334-7987-8

Daß Liebe unser Leben durchdringt ...
ISBN 978-3-8334-7977-9

Für Dich
ISBN 978-3-8334-7975-5

 Nur noch für Dich – Eine Liebeserklärung
ISBN 978-3-8334-7976-2